U0960488

关系界限

为自己与他人找到最舒适的相处方式

吴姵莹 著

北京理工大学出版社
BEIJING INSTITUTE OF TECHNOLOGY PRESS

版权专有 侵权必究

图书在版编目（CIP）数据

关系界限 / 吴姵莹著. —北京：北京理工大学出版社，2019.9
ISBN 978-7-5682-7349-7

Ⅰ. ①关… Ⅱ. ①吴… Ⅲ. ①心理交往—研究 Ⅳ. ①C912.11

中国版本图书馆CIP数据核字（2019）第157980号

著作权合同登记号 图字：01-2019-4515

出版发行 / 北京理工大学出版社有限责任公司
社　　址 / 北京市海淀区中关村南大街5号
邮　　编 / 100081
电　　话 / （010）68914775（总编室）
（010）82562903（教材售后服务热线）
（010）68948351（其他图书服务热线）
网　　址 / http: //www.bitpress.com.cn
经　　销 / 全国各地新华书店
印　　刷 / 三河市金元印装有限公司
开　　本 / 889毫米×1194毫米　1/32
印　　张 / 7.75
字　　数 / 135千字
版　　次 / 2019年9月第1版　2019年9月第1次印刷
定　　价 / 39.80元

责任编辑 / 徐艳君
文案编辑 / 徐艳君
责任校对 / 周瑞红
责任印制 / 施胜娟

图书出现印装质量问题，请拨打售后服务热线，本社负责调换

前　言

拓展人生从设立界限开始

这几年在举办的心理界限训练课程讲座以及实际的咨询工作中，发现许多人受困于“关系”问题。许多前来向我求助的人，愿望都是“希望和他人的关系更美好”。他们往往苦恼于“觉得自己怎么做都不够好”“想要亲近他人却感觉很痛苦”“很想不理会家人的情绪，却又渴望获得他们的认可”“想要设立界限，又害怕被别人讨厌或被说成是自私的”……这些人在关系中感受着内在的矛盾冲突，并不断感觉到关系的失衡。

关系的失衡源于付出与接收的不对等。当人经常处于被他人予取予求却又无法拒绝的关系模式之中；或者不断需要扮演关系中的照顾者与拯救者，甚至是供应者，无法说出自身的需求；又或者在关系中不断受制于家庭整体性的观念，想要自立或选择与家人不同的道路时，却会感受到强烈的罪恶感……

这些关系都在界限上出了状况，致使关系越了界。许多人经常因“以爱之名”困在越界的关系里动弹不得，无法自在地自我成长，从而陷入纠结的情绪中，最后患上“情感纠结症”。

虽然临床医学上并不是真的有此病症，但它是一种文化与环境的写实。我们失去了界限，自己与他人的感受混淆不清，在你的、我的、他的一片混乱里，变得焦虑、无力，却因摆脱不了而持续纠结。

然而，纵使在受困的关系里，我们仍能帮助自己觉醒，回到自己身上，重新审视自己的界限，唤醒自己的内在感受，产生自我的力量，为自己与他人找到最舒适的相处方式。

什么样的人需要心理界限?

1. 自己的付出被别人视为理所当然的人。

2. 习惯心情不好就找人倾诉，却发觉朋友越来越少的人。

3. 经常觉得疲惫，不断奔波，事情永远忙不完的人。

4. 经常觉得自己要对身旁的人有所交代，或为他们的事情负责的人。

5. 经常觉得自己说话没有分量，不敢要求也不敢拒绝的人。

如果你是一位母亲，你的生活经常出现以下状况：

1. 孩子失业，一直在家中待业，对人生感到茫然。

2. 孩子经常有无力感，情绪低落，或已经罹患忧郁症等精神疾病。

3. 自己以前有婆媳关系问题，现在看儿媳妇也不顺眼。

4. 习惯关注自己孩子的举动、成就、心情，喜欢找孩子讲心事。

5. 跟丈夫发生不愉快就去找孩子抱怨，或让孩子当传声筒。

如果你在亲密关系中，发现：

1. 你或你的伴侣跟异性走得很近，让另一半总是醋劲大发。

2. 你或你的伴侣花费在工作、休闲上的时间过度挤压了彼此相处的时间。

3. 你或你的伴侣经常因为逢年过节时回娘家、婆家的时间分配问题争吵，或者争论要听哪一边的话。

4. 你或你的伴侣在家务、经济或权力分配上一直有冲突。

5. 你和你的伴侣发生了情绪或肢体上的暴力，或身旁的人经常提醒你赶快离开对方。

在这本书中，除了介绍在实际生活中常见的案例，也从文化与教养层面对关系问题进行探讨，让读者从根源理解令我们失去界限的文化现象。此外，本书还从家庭关系、人际关系等方面，探讨在不同层面的关系相处中如何处理越界的关系，继而帮助大家探索界限，并一步步设立界限，更深刻地理解界限是如何被塑造出来的，它将如何影响你的下一代。最后，回到我们自身，当我们失去界限，因曾经受伤的经历，难以自信地面对不合理的境遇时，要如何帮自己疗愈与修复，找回内心的声音与力量，创造并吸引舒适平衡的关系到我们的生活里，这是相当重要的。

界限不是限制，而是为自己营造出一个安全的、被保护的范围。我们可以在这个范围里自在茁壮地成长，可以享受人生，最终会有更多的力量和自由去拓展有界限的人生，未来也将有无限可能。

目 录

Part 1

划清界限，不是拒绝，而是为了爱得更饱满、更丰足

Part 2

在关系里设立界限，创造更深刻的联结

Part 3

在关系里设立界限，摆脱情感纠结症

Part 4

如何设立界限，探索并认识自己的底线

Part 5

设立界限之后，成为自己生命的主宰

Part 1

划清界限，不是拒绝，而是为了爱得更饱满、更丰足

简单来说，心理界限让你知道你是谁，你不是谁；什么是你的，什么不是你的；你喜欢什么，你不喜欢什么。只要你拥有自己的感受，能够说出自己的感受，并且为自己的行为负责，就可以拥有清晰的界限。

你清楚人与人之间的界限吗?

开始谈论心理界限这个问题前，一定有很多人好奇什么是“界限”。界限究竟有什么作用？它放在心理学上的意义又是什么呢？我在此用比较容易理解的方式来解说。就让我们先从物理界限开始，想象一栋房子，想象它的外观是什么模样？有没有篱笆或围墙？所处的位置在哪里？当你确认自己拥有这栋房子时，你知道自己可以按任何想法去装修它，在里面摆放任何自己想要的家具；你也很清楚，你可以邀请任何人进来参观；你还知道自己需要维护这栋房子，整修它、清理它，确保它一直处于可以居住的、安全的状态。所以，简单来说，在这栋房子里，你会感到安全，你拥有完全的自主意识与自由来决定这栋房子的大小事情，也有责任维护房子的状态，不使其倾塌。

但在我们现在的实际生活中，当你想装修自己的房子时，总会听到非常多的干涉声音，父母、好友，甚至连街坊邻居都会来插一脚。他们往往出于一片好意，给予你很多意见，并且告诉你“照着做，准没错！”打着“我都是为你好”的旗帜，成为一个个限制他人自我成长的“善霸”。

所谓“善霸”，是相对于“恶霸”来说的。恶霸人人讨厌挞伐，但善霸则会让你一边气得牙痒痒，却又感到羞愧——因为自己拒绝他人的好意，因为自己不受教而自责，并因此要求自己去努力顺应他人，别枉费他人的一番好意。

缺乏界限就这样发生了。你没有能力守住自己房子的那道门，就意味着别人可以随便出入，在你的领地要求你做任何事情，你还无力拒绝。那么我们究竟怎样为自己守住界限，不让我们的人生充斥着他人的意见或声音，左右我们对人生的判断呢？

首先，你要问问自己，当有人要进入你的房子时，你有没有察觉到这个人的存在？当这个人进门后，你有没有因为他并没有征得你的允许而感到不舒服？有时，别人已经进来了，你还站在一边，心中喃喃自语：“这个人在做什么？他为什么要这样做？”可是，你却无法对他说：“你不要再进来了！”

如果你对别人的入侵并未加以阻止，就要开始反思：

“咦？为什么？为什么我不敢说、不能拒绝、不能有所反应呢？”

拥有感受，也表达感受

通过上面的自我询问，你会发现，“没有界限”分为两种状态，第一种状态是你根本没感觉，你并不觉得这有什么不妥，所以他们就进来直接对你发号施令。

是否拥有心理界限，意味着你是否了解自己内心的感受。在我们的文化中，个人感受是很容易被忽略的。我们之所以会缺乏感受，往往与儿时的经历有关：因为长辈也不太能认识自己的情绪，导致下一代也是如此，我们的感受在儿时屡遭拒绝。

小时候，我们可能因为大人对我们说了“你先去做××，然后去做××，最后再去做××”这样的话，就觉得“好委屈啊！为什么什么事都要我来做？”便随即哭了起来。但大人对此的反应却是“哭什么哭？叫你做点事有什么好哭的！不许哭！”于是，你就从这样的经验中学到：我有自己的感觉，是不对的。

儿时的经历让我们变得缺乏感受或没有感受。可是，当没有感受或者你无法认同自身的感受时，你的世界基本上就是门户大开的状态。

我们之所以要设立界限，就是要把自己的感受找回来，而且要指认出自己的感受。但奇怪的是，我们常常会自己产生负罪感，比如，当别人对你颐指气使的时候，你心里会有什么感觉呢？

你通常首先会感到“愤怒”。可是，你可以生气吗？也许你会这种时候问自己：“我可不可以生气？”但这个念头刚一冒出来，你可能就会想到以前曾经有人批评你：“那么爱生气，以后交不到朋友怎么办？以后嫁不出去/娶不到媳妇，准备当孤家寡人吗？”

你有没有听过类似上面的这种话？如果没有，那很好！表示你得到了生气的允许。然而，有些人是没有得到这种允许的。说到这里，我相信你已经能明白，有没有个人感受是由我们的早期经历决定的。当你能够自由地感受心里的想法，就能明白究竟是谁侵犯了我们的界限。

第二种状态是，你明明知道自己的界限被侵犯了，却任由它被侵犯——你不敢说，不敢表达感受。也许曾经的很多经历让你变得有所顾忌，让你经常话到嘴边，却又咽了回去，过后只能抓着自己的好朋友不断抱怨。这种状态其实跟集体主义的文化很有关联，我们经常担心他人的眼光，也习惯“以和为贵”的相处模式。

对人际关系和谐的高度要求，也让我们在展现自我意识时表现出高度的焦虑，害怕他人的评价，尤其想到他人可能会给出负面评价，更会让我们对自己的感受避而不谈。因为你害怕拒绝他人所带来的负面评价，所以别人可以堂而皇之地要求你，侵犯你的界限，对你予取予求。这就好像家人不敲门就能进入你的房间那样，他们从不尊重你的隐私，而你却习以为常，觉得家人之间就应该这样，进而发展到你在人际关系上，也会和别人索取你想要的东西，且不一定理解别人的感受。

简单来说，心理界限让你知道你是谁，你不是谁；什么是你的，什么不是你的；你喜欢什么，你不喜欢什么。只要你拥有自己的感受，能够说出自己的感受，并且为自己的行为负责，就可以拥有清晰的界限。

划分责任，避免被予取予求

界限是很重要的，它帮助我们划分责任，在避免被予取予求的同时，也清楚自己的责任所在，就像国家与国家之间那样需要有国界线来划分国家主权范围。当你不清楚自己是谁，就无法清楚你喜欢或不喜欢什么，没有界限的关系使你无法保护自己，无法为自己的不适发出抗议，只能忍气吞声，怨天尤人。

当我们还不清楚自己是谁，只是一味地付出，为别人着想，就会形成讨好型人格，损耗了自己的许多能量；更多的时候，因为没有得到应有的回应，还会感觉自己被掏空。在人际互动中，长时间的被索取与正面回应的匮乏，导致我们想断绝关系，最后落到怨恨他人也厌恶自己的地步，责备自己不懂经营情感，又气愤他人对自己的予取予求。

当大家都说“快乐的人不计较付出”，又搬出了《圣经》中“爱是恒久忍耐，又有恩慈”的理论时，你或许会觉得困惑，为什么你感觉不到爱，也越来越不快乐呢?

亲爱的，你可能还没有找到自己，只是将很多人的话当成自己唯一的依归。我们只有首先清楚自己是什么样子，才能清楚自己希望被对待的方式，才能了解什么言语、什么行为会让你感到不舒服，也才能懂得，面对不舒服我们可以怎样回应。

开启自我探询前，需要铭记在心的界限问题

开始阅读本书，代表你已经开启自我探询之路，现在，我想邀请你开始审视内心，思考以下几个关于“人我界限”的重要问题：

1. 你是谁，你的个性与特质是什么？

2. 想象你与他人的界限，是分明的还是模糊的？如果你的内心是一幢房子，那它会有什么样的篱笆？

3. 让你感到不舒服的人、事、物分别是什么？为什么？

4. 你通常如何应对让你不舒服的事？逃避？攻击？还是使之合理化？

亲爱的，将这些问题记在心中，不断问自己，也不断去记录答案，你对自己的认识会越来越清晰，也越来越清楚界限在哪里，从而在关系里保持平衡与弹性。让我们一起学会保护自己的感受、尊重自己的感受，进而有能力去爱和被爱。当我们不被关系所累，也不在关系中被予取予求，并且更懂得尊重关系里的其他人之后，将会获得心理平衡与更多的自由。

愿你在不断的认知中，找到内在与外在的快乐。

懂得感受和限制，让自己心安地拒绝

在我的咨询工作中，经常遇到很多很有能力的年轻人，他们拼命加班、为公司卖命，也经常帮同事分担许多工作。这类人在职场上往往人缘不错，但奇怪的是，好事似乎总轮不到他们，他们的付出并没有令他们得以展现自我，也没有让主管对他们的能力印象深刻，反倒为其贴上了“他很好差遣”的标签。认真负责，却无法让别人对其产生专业的信服感，这种好人缘似乎更容易被别人看出“讨好”的特质，当公司决定要为一些员工升职或为重大项目寻找能委以重任的人时，上文提到的这种人却不会被列在候选名单上。

回想一下，职场之上，你是否经常觉得自己只差那临门一脚？是否经常会问自己：“怎么功劳都被他人占去了？”当你承担了过多的不属于自己的职责时，是否会安慰自己

“能者多劳”？如果是，那你就需要了解你的人际界限究竟出了什么问题。

我们先来谈谈在职场上的专业性会给人带来什么样的印象和感受。

有一家公司，曾在一段时间内发生多起员工自杀事件，导致员工人心惶惶，工作效率下降。于是，这家公司聘请了专业的心理医生团队进驻，加强对员工的心理辅导和心理咨询力度，以求稳定员工的心理状态。为了快速收到效果，公司主管要求专业团队二十四小时待命，但因为人力有限，该团队的领导者立即对其要求予以否决，并且表明态度，从专业性的角度来讲，任何团队都不可能二十四小时待命。

通过这件事可以看出，专业并不是无止境地满足他人的需求，而是高效地、最大化地完成使命。如果想让团队高效运作，就要懂得评估团队的职责范围，同时保护团队成员的身心健康，这就是专业的界限。

假设当时心理医生团队的领导者没有做出专业评估，而是按照对方的要求执行，那么团队成员就可能因为对工作时间不满而产生抱怨，从而降低工作效能；此外，团队成员也可能会觉得自己的专业技能太廉价，甚至可能会因为领导者没能维护团队的权益而气愤，不再信任他。

了解内心感受，为自己的感受设立疆界

关于界限这个概念，有四个观点要跟大家分享。首先，要了解自己内心的感受，为自己的感受设立疆界。简单来说，设立心理界限的过程就是一个人将其内心真正的感受表达出来的过程。就像上述那位心理医生团队的领导者，当他清楚地意识到客户的要求不合理，自己团队的专业性没有受到尊重的时候，当场表达出来的态度就是在设立界限。

如果换作缺乏心理界限的人，尽管他们知道自己内心的感受，但是却不一定能说出来，或者不能坚持自己的立场。他们或许会说，其实我和对方讲过，可是对方却好像没有听到，反而更急迫、更无助地要求我帮忙。对方软硬兼施，对你说一些“能者多劳”“有你真好”这样的话，让你无法拒绝，打破你的界限和原则，从你身上获得他所需要的好处。

接纳与肯定自身的局限

你设立界限，往往是因为你看到了自己内心的感受，觉得事情让你有压力，令你疲惫。而你能否确认自己心里的不舒服，就与我要介绍的第二个观点有关——你是否认识到，自己是有局限性的。

什么可以称为你的局限呢？其中包括：时间的局限性、精力的局限性、情绪的局限性等，这些局限性其实相当重要。我们常常会觉得自己“无极限”，而且身边的很多人也在不断告诉我们：“爱就是能够做所有的事，爱就是牺牲与奉献。对人有情，就该牺牲自我，忽视自己的感受。”或者常言道：“吃亏就是占便宜，何必计较！”等。这些话后来也渐渐地被我们用来努力说服自己，将他人的行为合理化，同时压抑自我的真实感受。

但这样做的后遗症是，自己的工作量持续增加，不断被压榨，整个人疲惫不堪，充满失落和绝望等各种负面情绪，付出得不到相应的回报，丝毫没有工作成就感。最后，对工作失去热情，怀疑自己的职业选择，无法再继续付出，职场人际关系也跟着出现问题，原本人缘还不错，却由于负面情绪累积太多，总是觉得自己太委屈，好事永远落不到自己头上，做的一切都不值得，甚至想要放弃。

这时候，有些人一开始会想：“算了！什么都不要好了！跟这些人或跟这个领域老死不相往来就好了。”希望切断关系，这是多数人对界限的误解：我设立界限，就是切断关系。这样的理解会使设立界限变得十分困难。

讲到这里，大家应该有些认识了：设立界限，其实就是表达你内心重要的感受；同时，认识到人的局限性，接纳与肯定这样的自己。

我们并非吝啬或不愿意付出，而是在特定情况下，哪种程度的专业性帮助，才是我们愿意持之以恒地给予的？所以，我常常会问来向我咨询的人：“别人有麻烦时，你可以提供什么帮助给他们？你提供帮助的极限又在哪里？”

他们经过思考，通常会回答出一个明确具体的止损点。当你清楚自己的止损点，你愿不愿意主动告诉对方：“我知道你有很多话想讲，可是我只能听你讲五分钟，可以吗？因为我等一下还有事要忙，真的很不好意思。”接着，你请对方继续讲，但如果对方还是噼里啪啦地讲个不停，你就要说：“还有两分钟！我接下来另有安排。”你必须不断地提醒对方自己的止损点所在，虽然这样做也许会使双方都感到一点点的不舒服，对这样的小事设立界限，好像自私又小气，但这是你尊重他人同时又为自己赢得尊重的非常重要的态度。

清楚责任归属，不被他人驱使

第三个观点则是，清楚责任归属，不被他人驱使。例如，有一天，同事突然把他的一个工作交给你，说：“你记得五点的时候帮我打电话给客户，我跟客户有些矛盾，你帮我处理一下，一定要记得哦！不然，我会被主管和客户骂的！”听了这番话之后，你心想：对方有问过我究竟有没有时间吗？这件事到底是谁的工作？可是，如果我没有帮他打这个电话，对方一定会怪到我的头上。

这个时候，你必须厘清，这究竟是谁的工作，我是不是一定要帮忙？

当同事对你说：“你是我最可靠的同事，我只相信你。你一定要帮我，拜托，别见死不救！”就意味着你既要承担他的工作内容，又要扛起友谊的重担；既不能让他失望、难受，更不能令他无法对上司及客户交代。然而，面对冲突、矛盾和工作任务是他自己的责任，没有人可以一直协助他，并且耐心等到他学会如何面对职场上的关系冲突为止。

要知道，我们并不能随时地、一直为他人提供帮助，我们只能适时陪伴、适时帮忙。而这些“适时”都基于你可以提供的范围。设立界限的最终目的，是让他人回到自己的位置，做好自己的事，而你也能心安理得地好好完成自己的职责。

害怕与人争执是无法为关系设立界限的

最后是第四个观点——害怕与人争执是无法为关系设立

界限的，反倒会使关系恶化。前文中那个请同事打电话的例子，就属于这种状态。

很多人害怕拒绝别人，觉得拒绝会引起别人的愤怒与失望。我们常说，自己是“老好人”类型的人，常常会担心，如果自己没有提早告诉别人自己不方便，而是现在才拒绝，对方会不会因此而动怒。这时的你应该要思考，为什么你会这么害怕别人生气？是不是别人生气会让你产生一种“我是一个不好的人”的想法呢？如果是，你就要回到自己身上，反思你的成长到底带给你什么。

我们需要知道的是，当冲突产生时，会形成一股张力，让你感受到别人对你的失望，你不能承受别人对你的失望，就无法明确说出自己的感受。所以，如果你害怕争执，便会习惯性地去讨好、顺从别人，关系自然因此变得不对等，形成“剥削”的形式。

如果你开始感到身心俱疲，无法继续付出，彼此间的关系就会开始恶化。你觉得他带给你很大的压力和负担，让你有强烈的倦怠感，所以会开始逃避跟这个人接触，不想再看见他，甚至决定老死不相往来。

你往往在关系断绝后，可以不再在乎他人的感受时，才能勇敢说出自己的心声，形成“诚实却没关联”的关系。如果我们在每段关系里都无法真诚地做自己，为了虚幻的表面和平感到委屈，又在关系断裂后愤怒且自责，就会使人际交往陷入恶性循环。

总结来说，这四大观点，在生活中、职场上都与我们息息相关。当我们不断提醒自己，看清彼此后，就能创造出平等、健康的人际关系。

为什么我们总是很难设立心理界限？

设立心理界限一直是很多人的困扰，生活里若没有界限，会让人感到压力、委屈，不论是在工作上、家庭中或情感里，都容易感到无力又充满罪恶感。

有时候你会想，是不是只要自己早点告诉对方你的感受，就不会让事情演变成这般局面？你处在一种不平衡的关系里，尽管自己一次又一次地暗示，希望对方不要太过分，对方却依旧得寸进尺。当对方最后一次惹怒你时，就像是骆驼被最后一根稻草所压垮，你愤而切断你们之间的关系，并且决定跟那个人老死不相往来。你说，你觉得心死了，才会彻底爆炸。但之后，你却开始忍不住责怪自己，同时生气于对方为什么没有看到你已经很痛苦、很委屈，甚至看不懂你给他的很多暗示。

身为“关系刽子手”的罪恶感

经过深思熟虑之后，你还是舍不得失去这段关系，虽然自己明明被压榨得很难受，但偶尔还是会想起对方对自己的好，这样的思考让你陷入自责，对自己这个“关系刽子手”的身份充满了罪恶感，接着又开始怀疑：“像我这样的人，真的有朋友吗？”“像我这样的人，是不是一个人比较好？”“我是不是不值得别人对我好？”而这样的自我质疑，只会将你推入更深层的孤单、沮丧与懊悔之中。

亲爱的，其实我们早该在关系里设立界限了。设立界限并不是要限制对方，也不是为了拒绝对方，而是为了保护关系，并让其可以持续进展下去。唯有平衡的关系才能既长久又令人开心，如果我们无法适时拒绝，或及时告诉对方我们的感受，这段关系终将瘫痪。

可是话说回来，为什么我们明明可以感受到在关系中相处的痛苦，但却无法适时设下止损点呢？

止损点与崩溃点

设立关系界限时，止损点很重要，当你开始感觉哪里不对劲儿，感觉自己不舒服，并且觉得对方的行为使你受伤，此时就应该设下止损点了。但总有许多原因阻碍着你，因此你不敢说出拒绝，无法设立关系界限，这导致对方将许多事情视为理所当然，继而得寸进尺，直到你身心崩溃为止。我将这个时刻称为崩溃点，也就是你已经不想再去管对方怎么想，因为你已经对对方死心，只想通过结束关系来终结身上的痛苦。

举一个很简单的例子：

Sara的高中好友Candice离婚了。她们已经有好一阵子没有碰面，也没有联系。

一个月前，两人刚好在咖啡厅遇见。Sara看到Candice面容憔悴，便关切地问起她的近况，这才知道她在一个月前离了婚，心情郁闷到极点，却找不到人倾诉。于是，Sara就在咖啡厅里陪着Candice聊了一下午，好不容易才让Candice冷静下来。

然而从那天起，Candice每天晚上都要跟Sara通话，一讲就是两个多小时，她似乎总有抱怨不完的事与流不尽的泪。Sara起初还有耐心听，但又觉得自己帮不上任何忙，于是建议Candice去做心理咨询，Candice却说自己没事，过一阵子就好了。其实她始终在同样的事情上打转，走不出来。后来，Sara开始不接Candice的电话，Candice就给她留言，语气非常哀怨。Sara有些于心不忍，但一接起电话两小时就浪费了，连自己的丈夫都埋怨她多事。

Sara觉得自己越来越忧郁，常常为一点小事而伤感，对很多事情的忍耐力也在逐渐下降。朋友提醒她，她应该停止帮助Candice，但Sara觉得那样做太残忍，如果连自己也离开了，Candice一定很可怜，但Sara也不能否认自己对她越来越抗拒。

终于，在一次通话时，Sara告诉Candice自己刚从外地出差回来，已经很累了，所以只能讲十分钟的电话，但Candice像是没听见一样，又讲了半个小时，而且内容和以前并无区别。累到极点的Sara最终崩溃并突然暴发，她对着话筒那一侧的Candice大声吼了起来："为什么你就是听不懂人话？！为什么我这么累了你也不体谅我？你知不知道跟你讲话很浪费我的时间？你一直讲相同的事很烦的，你知不知道？有病就要看医生，为什么不承认自己有病呢？难怪你会离婚，因为你根本不在乎别人的感受！"

"啪！"Sara挂断电话，心情无比轻松，终于可以多睡一个小时，整个人都感觉轻松了许多。

第二天睡醒后，Sara看了看手机，很惊讶Candice没有再传哀怨的信息过来，她一边觉得自己好像得到了解脱，一边却又感觉一阵阵的罪恶感袭上心头：

"我昨天的话会不会太重呢……她已经这么可怜了，我还这样伤害她……天啊，我昨天是吃错药了吗？怎么会讲出这么恶毒的话呢？这不是我啊！我怎么会这么残忍，真是糟糕啊！”Sara就此陷入强烈的自责之中。

无法设下止损点的三种现象

设置止损点的重要用意，在于让对方清楚地知道，你想要被怎样对待，并且对方目前跟你相处的模式已经让你感到不舒服，继续这种模式，你会倍感痛苦。所以你需要帮自己停下“模式”，而非停下“关系”。然而，我们往往会认为，停下“模式”就等于终止关系，所以就放任对方的所作所为，一直到我们无法负荷为止。

例如，另一半经常对你说：“你就是这么笨，什么都做不好。要不是有我，真不知道你要怎么生活！”这类具有贬低意味的句子，不仅令人丧失自信，产生强烈的自我怀疑，还会降低我们对他的爱与付出，强化对关系的不信任和痛苦。

我们要停下“模式”，设下止损点时，其实并非向对方设限，而是对自己设限，对自己在关系中的投入和付出设限，让对方知道，如果再继续贬低你，你不会再用以往的方式对待他。

阻碍我们设下止损点的有三种现象：

1. 不清楚自己的真实需求和感受

很多人因过往的感受被否定、被压制，从而怀疑自己现在的感受。“我这样想是对的吗？是不是太自私了？”这往往是面对不舒服的关系时，我们脑袋里首先冒出来的想法。当我们不懂自身的感受，就不知道自己想要被对待的方式，可能我们会反驳“你这样说话很难听”，但却无法明确说出，你希望对方怎样跟你说话。

我们时常会对自己的需求有羞耻感和罪恶感，好像那是贪心又自私的。但长期的需求匮乏，只会让我们在关系里变得畏缩和抗拒，甚至具有攻击性，最终破坏关系。

2. 对方的需求比较重要

优先照顾对方的需求或认同对方，拿对方的话语鞭挞自己，相信自己就如同对方所说的那样，或无法忍受对方对自己的不满意，而努力迎合他人的需求，不顾自身的感受，过度为人着想，成了侵蚀关系的毒药。因为，真正让我们不快乐的是，我们以为让对方快乐我们就会快乐，但却忘了这样的快乐需要一个前提，那就是我们首先要搞清自己的需求，若我们不够清楚自己的需求，一味付出，只会给自己带来更多的委屈和不公平的感受。

3. 被过往的情绪困住

我们在关系中的失去，和没有处理完的难过、伤害，最后都会转化为后续面对关系时的恐惧与担忧，导致我们会一直担心、害怕——会不会我说出需求就会被讨厌、被抛弃？会不会我对他生气、不满，他就再也不爱我了？

曾经失去过的经历，或者是过往照顾者的不稳定情绪，都特别容易造成我们在关系中的不安全感，形成我们讨好或经常性忧虑的特质。而这些负面的情绪也会造成前面提到的两点现象，让我们一直错过止损点。

可是，亲爱的，一旦你错过止损点，就会直逼崩溃点，也就是说，当我们不懂得设立界限，还希望对方喜欢我们，或者希望维持关系时，就算是老好人，最终也无法好好维系住关系。而崩溃的发生，令人自责、伤心、有罪恶感，强化负面情绪的累积，也强化对关系的恐惧和忧虑，使我们更加不愿意失去关系，于是便提高了自己对止损点的阈值，延长了自己下一次在关系中所忍受的时间，直到因再也无法承受而崩溃。

所以，了解自身的需求和感受，设置止损点，在人际交往中非常重要。我们一心为他人着想却忽略自身的感受，这种做法在人际交往时固然有一些帮助，因为在这个过程中，我们获得了渴望的“被认可”与“被需要”。但来自外在的肯定，比较匮乏，也容易被他人利用，进行情感剥削。

关于我们如何成为需要他人认可的人，后文会有更细致的描述。

文化与教养如何影响心理界限

很多缺乏心理界限的人，往往在早期成长的经历里饱受情绪问题的折磨，即使觉得辛苦，他们也会认为那是自己的责任，即使觉得压力很大，却也无可奈何，没有其他选择。

亲爱的，接下来，我要来跟大家谈谈，什么是从小就充满情绪压力的情境，其影响又是什么。其实，这种现象在我们的文化中很常见，父母在成长过程中承袭了历代祖先的教养观念，自然而然地沿用到他们的教养经验里。而我们经常误以为，所谓的“孝顺”，就需要孝养、顺从与承担父母的一切，这是一种爱的表现，也是身为家庭一分子该尽的责任，但这种教养经验却让孩子在成长中、在关系里长期受苦。

教养当中常见的毒性教条

艾丽斯·米勒（Alice Miller）在著作《全是为你好》（*For Your Own Good*）中列举出几条陈腐的家庭规则，这些家庭中的家长普遍希望自己的孩子成为“有耳无嘴”的“好”孩子。她将这些规则称为“毒性教条”，主要是以下七点：

1. 对需要大人照顾的孩子而言，成人就是他们的主人。

2. 成人就像上帝，可以决定是非对错。

3. 孩子要为成人的愤怒负责。

4. 父母犯错可以免受惩罚。

5. 孩子在生活中独立，对权威的父母来说是一种威胁。

6. 孩子太好强的个性要及早“化解”掉才好。

7. 对孩子的管理要早在他们不知道的时候就开始。

在这些毒性教条中，我们可以看出几点共性：

1. 父母是全知全能的上帝。

2. 孩子不允许拥有自我。

3. 孩子该为父母的情绪负责。

被这些毒性教条养出来的孩子，在无法拥有自我的情形下，就无法肯定自己，遇事容易感到自卑又自责，既然无法肯定自己，也就不会肯定自身的情绪，无法感受到自己的界限，最终将会成为一个界限模糊，容易受他人影响或摆布的人。

很多大人会习惯在孩子自我意识萌芽的时候就开始施压，企图扭转孩子的性情，希望孩子变得温顺、乖巧，没有自己的声音。孩子的界限被一点一点地打破，对自己的想法、观点、价值也产生了动摇、质疑和否定。刚开始，他会因为感到愤怒而拼命反抗，大人要他往东，他偏要往西，这样的举动换来的往往是家长的“棍棒底下出孝子”或是难堪的言语责骂，家长通常会依靠暴力来让“倔强”的孩子屈服。

孩子在缺乏界限时，会变得焦虑、脆弱。当他不清楚自己的想法和感受是否正确时，需要不停地去寻找正确答案，他很难自己做主，需要依靠别人拿主意，这种状态让他很焦虑、无助，也容易让周遭的大人对他更没有耐心，令他备受指责，最终陷入自我厌恶的恶性循环里。

文化中的孝悌楷模

“小时候，爸爸因为在外地工作很少回来，我跟妈妈相依为命，我总是很在意妈妈的心情，如果妈妈难过，我就会很担心。”Miley说着自己的故事，“我为了让妈妈不要太累，会帮忙带弟弟妹妹，也会做很多家事。可是，我经常不知道为什么妈妈还是不开心，我一直觉得自己做得永远都不够……”

在中华文化里，我们或许会说Miley是所谓的“孝悌楷模”，既孝顺母亲又爱护弟妹，是难得的好孩子。但这样的孩子往往无法自由地做自己，这些孝悌的行为也经常被视为理所当然。

从心理学的角度来看，我们会说她是亲子化的孩子——像父母一样照顾弟妹的孩子，同时又有另一个角色——“情绪配偶”，承受妈妈的情绪，接过爸爸的应该照顾妈妈情绪的工作。

所以，在米勒的毒性教条里，虽然说到“孩子要为成人的愤怒负责”，但更多的时候，在家中，孩子就算不用被教育，也会对父母的负面情绪负责，包括伤心、失落等，这些对孩子而言都极为沉重。

Miley的故事在很多大孩子身上都看得见，他们往往小小年纪就不能再只当个孩子，而必须做个厉害的大人。有时候，我们会说他们是“小大人”或“小爸爸”“小妈妈”。但是，有一个除孩子之外的角色压在他们身上，对孩子来讲很辛苦。而Miley同时身兼“小老公”和“小妈妈”的角色。

当孩子被迫成长，无法再安心当个孩子，心中会永远存有失落感。许多人不断被延续的生活所压迫，可是，一旦想到自己的需求，他们又会自我嫌恶，责备自己自私，没有为他人着想，从而将自己的一生奉献给家人，他们深陷在沉重的责任里无法拥有自由，也无法享受生命。

然而，缺乏心理界限的原因，除了很早就习惯接受家人的情绪，还有很多是来自孩子成长早期面临的无助和恐惧，他们害怕失去母亲，更害怕不被母亲喜爱。

我们小时候总是围绕着父母打转，父母就是孩子的全世界。当“全世界”都不开心的时候，还有什么比让“全世界”开心更重要的事呢？那时，自己的感觉自然就没那么重要了，自己的疲惫也不再重要，孩子小小的心灵已经被恐惧占满，不知道自己一直经历、面对的情绪、压力，其实早已超出他能够承受的范围，只知道“全世界”让他做什么，他就一定会去达成。而孩子也会觉得，这些都是自己的责任，包括教养弟妹，或者被连坐处罚，甚至当父母吵架时的传声筒、调节者等。

因为在孩子的核心信念里，可能早就形成了“我要为母亲而活，才是好孩子”，“我”是不重要的，“母亲”才永远是最重要的。这种害怕失去母亲，害怕不被母亲喜爱的恐惧像是一个诅咒，当孩子有一天无法再付出时，诅咒就会实现，恐惧就会变成现实。

母亲本来很重要，但当我们失去自我，就会承受过多的痛苦。当身心无法负荷过多的压力时，则会呈现出忧郁和焦虑的状态，从而强迫我们停止承受压力。当我们发现自己不能承受这些负荷，害怕自己无法再为母亲付出，变成不好的孩子时，可能会令小时候的诅咒变成现实，进而陷入恐惧与忧郁的恶性循环中。

亲爱的，其实你可以为自己在心中设立界限。设立界限的关键在于，你要分清楚责任，也分清楚情绪。有可能你一开始确实经常分不清楚它们，因此，你需要镜子，可以在身边找几个你很欣赏其生活状态的人，让他们当你的镜子，跟他们讨论生活中的某些责任、感受和情绪，这会帮助你明确地划分责任，在心里设立界限，不用为自己做不到的事耿耿于怀。

在这本书后面的章节里，我会让大家不断练习找回自我，找回自己的感受。认清情绪，我们才有能力去归还情绪和责任，这样就能感觉踏实，也不需再担心自己是不好的、随时会被抛弃的孩子。

民族与家族文化，容易让我们缺乏界限

在集体主义与面子文化的架构下，我们非常容易被塑造成缺乏界限的人。

我们的上一辈中，有很多人是通过相亲结婚的，甚至一直到这一代也都保留着传统的相亲模式。你会发现，上个时代的相亲结婚，并不是找个心爱的对象，而是寻找安身立命的安全感。

所以，一直到现在，依旧有很多人将稳定和安全感列为择偶的首选条件，“我要嫁给医生”“我觉得老师这个职业不错”“公务员比较稳定！”这些要求是基于稳定的安全感与婚姻所需，但实质上却缺乏情感基础。这样的婚姻往往会在之后的生活中因为亲密感的匮乏，以及双方追求和谐家庭生活的宗旨不同，让他们在关系里想要逃避冲突，导致婚姻中的两人相敬如宾，甚至是相敬如冰。

重男轻女的文化，一代代的性别创伤

许多家庭如今依旧传承着重男轻女的文化，家里的男性拥有更多的资源、关爱与关注，女性却刚好相反，加上前文中提及的婚姻关系不够亲密，使女性在婚姻生活中并没有感受到身为妻子的价值感与亲密感。于是，许多母亲会将重心转移到儿子身上，追求为人母或母凭子贵的安心感。

从小被高度关注的男孩，表面看似资源丰富，却不一定拥有自由和自己的声音，他的很多事情都已被家长安排好。更为沉重的是，家长将期望全部放在他身上，当他完成不了家长的期待，又看到母亲为自己牺牲奉献的一生，就会产生一种“被吞没”的恐惧感。这就是所谓的“先生跟工作外遇，太太跟孩子结婚”的现象。

作为女儿，其实并不需要羡慕自己的兄弟，因为你可能不知道，他们的心里一直有被吞没的恐惧感。这种恐惧感也让多数男性在婚姻、两性关系中，容易呈现出被动的状态，因为另一位女性的存在，会让他联想到母亲要将自己吞没的情形。

母子关系过度紧密，会导致儿子分不清某些感受和需求究竟是他自己的还是母亲的，这样的性别伤害令他们一旦对感情经营产生无力感，就会自觉地承担起对方对自己的失望，且又无法作出回应，因为不一定有能力与对方平等对话，或无法区分清楚“你”“我”的感受，容易在关系里当逃避者。

再看女儿的情况，假如母亲本身经受过很大的重男轻女的创伤，她就会把女儿投射为那个小时候很不招人喜欢且备受忽略的自己，因此她可能对女儿要求非常严格，导致母女关系紧张。

女儿渴望得到母亲的爱和认同，却经常遭到母亲的拒绝，小小年纪的她们害怕自己被送走或被遗弃，感受不到关注，没有价值感，心里便衍生出被抛弃的恐惧感。

在我的实际工作中，许多女性心里都有被遗弃的创伤经历，在她们身上很容易看见孤儿的原型，她们有着强烈的失落感、对自己和他人的不信任感。当她们进入一段关系，就会渴望摄取并控制对方，避免自己再度遭到抛弃。所以，为了获得安全感，她们会选择让自己感觉安全的、有保障的人，而不一定是有亲密感的人。这样就在关系里上演一追一逃的现象——男性会抗拒，女性会渴求，双方重复着上一代人的婚姻关系。

当我们的教养衍生出这么多的恐惧，我们就会被迫去承担、被迫去讨好，在关系里无法成为一个完整的个体，并无法完整地表达自己。当独立成为背叛，每个人的内在声音变得不再重要，就会形成缺乏活力和生命力的个体。而自我的强壮度与自由度，往往与生命力有着极大关联，这也是为什么许多被迫嫁人、被迫选择某一个专业、被迫从事某一个行业的孩子，会在生活里逐渐丧失精力，从而产生“很多人三十岁就死了，但八十岁才埋葬”的现象。

那么，这种代代相传、环环相扣的缺乏界限的现象，该如何改变呢?

亲爱的，它是可以被打破的，只要从自身做起。当你愿意去发现它的规律，懂得其背后的心理原因与层层堆砌的恐惧感，以及纠结不清的情绪，开始为自己与他人设立界限，就有机会保护自己与伴侣的关系，保护自己的工作关系，同时避免母子或母女关系干扰到你与伴侣的关系或你的工作关系。界限能使你的生活成为相对独立又相对灵活的状态，让你不会再感到关系令你窒息，或备受束缚。

为什么我们要设立界限？拒绝别人不是很自私吗？

活在集体主义文化中的我们，容易有这样的共同点：害怕与众不同，害怕孤单，过度在乎他人的反应。

这种文化影响着父母，也影响着我们，使我们成为一个个不敢拥有自我意识的个体，也因此对自己的界限感到困惑不安，让我们在独立和依赖之间徘徊，在讨好与委屈之间痛苦。

设立界限常见的疑问

在亨利·克劳德博士（Dr. Henry Cloud）及约翰·汤森德博士（Dr. John Townsend）所撰写的《过犹不及：如

何建立你的心理界线》（*BOUNDARIES*）中，提出了八个关于界限的疑问，你就会发现，这样的想法究竟有多普遍！

1. 设立自我界限代表我是个只为自己利益而活的人。

2. 设立自我界限是冷漠的象征。

3. 设立自我界限会遭到他人讨厌。

4. 设立自我界限，我就是一个伤人者。

5. 设立自我界限，代表我是个要求很多、很难搞的家伙。

6. 别人设立自我界限，我就会成为受害者。

7. 自我界限是产生愧疚感的元凶。

8. 设立自我界限，会成为孤独一生的人。

看到了吗？在设立界限的疑问中，都是对自己的批评与指责，并且害怕自己不再是他人眼中的那个“好人”，无法再获得他人的肯定与信任。一旦我们无法得到他人的认同，而内心又不够强大，无法支持自己的决定，就会感到强烈的不安和惶恐。

刚开始设立界限时，人们普遍会感到害怕，怕人们因此而离开自己。然而，你是有权说“不”的，你拥有设立界限的主控权，而不是被它所控制。假如身边的朋友尊重你的界限，你会觉得自己处于安全区域。界限是有弹性的，可调整的，并非僵化不变的。我们永远可以决定自己的大门要向谁开启，只要我们愿意询问自己的内心。

越懂得设立自我界限的人，越不容易动怒，他们也不难相处，因为他们了解自己的能力，知道自己对事物的接受程度，并且能够控制自己的情绪。有时候，不是我们不想做某些事，而是我们的情感难以接受，在这样的情况下，我们需要设立界限，尊重与保护自己。

设立界限的重要性

我相信，介绍到这里，你已经开始理解设立界限的重要性。具体说来，界限的设立可以有以下几点好处：

1. 自我完整的人，可以帮别人完成目标。

2. 承认自己是一个独立的个体，而非他人的财产或附属品。

3. 了解自己的有限性，才能持续为关系付出，并保护关系。

4. 认识自己的需求与感受，才能平衡付出与所得。

5. 感觉自己被保护、被接纳，才能拥有健康的身心状态。

当一个人懂得拒绝，反而会提高他的权威性。当你按照自己的意愿选择是或否，就会使对方明白，他能从你这里得到或得不到什么。学会说“不”也让我们保持个人的完整性，我们不需要一直听取他人意见，而是应该更加重视自己的感受。

在日常工作中，我发现，无法拒绝别人的人容易将“他人行为”跟“自我价值”连在一起。也就是说，他们希望通过“不拒绝”来博取他人的开心、认可（他人行为是正向表现），觉得自己是很好（自我价值好）的伙伴；当拒绝他人，看到他人沮丧、愤怒（他人行为是负向表现），便觉得自己是很糟糕、很自私的人（自我价值差）。

可是，拒绝某个人或拒绝做某件事并不是拒绝关系，也不是抛弃对方。拒绝来自对自身“有限性”的理解，拒绝并不是永不提供帮助，而是拒绝在某些特定条件下提供帮助。当我们了解并认可了自身的有限性，就不会让自己在付出时透支，也才有能力在关系里更长远地付出。

举例来说，Andy临时让我在三十分钟内给他买份晚餐，我拒绝了。我拒绝这个“没有提前告知，或询问我是否有空”的行为，但我并不是拒绝Andy这个人，而未来如果他再次有求于我时，他必须提前告知并询问我，若我的时间允许，我依然很乐意帮助他。

不懂得拒绝的人，除了无法分清“他人行为”和“自我价值”外，有时候也分不清楚自己的感受，他们在关系里总是因为害怕失去而努力讨好他人，因此成为他人眼中“有求必应”的供应者。而当他们对这种情况感到不满时，却只会一面在私下里偷偷抱怨（感到委屈与愤怒），一面对这种情况无可奈何。

其实，我们都可以为自己消除心中的负面感受（委屈与愤怒），而不是坐等别人意识到他们自己的要求过分，进而停止他们的行为。我们可以在承认心中的感受后，为自己设立界限，主动脱离“受苦”的境况，这样才能真正在关系里平衡付出与所得。

一旦我们觉得自己的感受（委屈与愤怒）受到了保护，被他人接纳，才有机会去过自由且健康的人生，而不是日复一日地停留在充满负面情绪的生活状态里，让自己的身心健康受到损伤。所以，不懂说“不”的人往往害怕伤害对方，却不知道自己在慢性地伤害关系。

亲爱的，当我们一直无法设立界限，下一个觉醒的时机，就是身心崩溃的时候，也是我们毅然决然断绝关系的时候，这种断绝难以修复，可能是最伤害彼此感情的方式。

让我们一起来破除这些深植于内心的界限难题，每一个人都值得爱与被爱，也值得过健康且平衡的人生。界限的设立，就是帮助我们达成这种生活状态的前奏。当我们破除了心里的恐惧，向前迈进，就能享受自己在关系中的自由与尊重。

你是便利贴男女吗？
——缺乏心理界限的六种原因

“我很困扰，为什么我的工作明明已经很多了，他们还要继续增加工作给我，没看到我一直加班加到发烧、胃痛吗？”你满腹心酸地抱怨着，感觉自己像是前几年热播的电视剧《命中注定我爱你》里的“便利贴女孩”，但好歹剧中的女主角最后飞上枝头变成了凤凰。“便利贴女孩”这个角色诠释了许多人在人际关系中的角色，也满足了她们麻雀变凤凰的梦幻想象。你则继续不甘心地说，自己忙成这样，哪有时间交男朋友？

“这份工作真的很烦，同事也不愿意帮助我，他们把工作丢给我时都不会觉得不好意思吗？我的老板也是，才发我这么点薪水，却让我做三个人的工作！我很希望能准时下班，但我却没有办法拒绝别人，再这样下去，我会爆炸的！”

显然，这已经不是你第一次面临工作上的窘境了，接二连三地抱怨，也许让你自己都讨厌、瞧不起这样的自己，但你就是无法鼓足勇气拒绝。或者，你其实抗议过几次，可老板或同事的反应只是高高在上的“朕知道了”，内心其实对此无动于衷，没有一点不好意思，甚至还流露出“这有什么”的意思，这样的反应让你更加无力和无奈，仿佛便利贴人生就是你的宿命。

窘况一再发生，痛苦不断叠加，便利贴男女在某一天突然醒悟——原来，一切根源都在自己身上！也许确实是我们自己的运气不好，遇到了坏同事和坏老板，但如果类似的事情一直在你身上上演，那么，它就与你的心理界限有关了。

毕竟，是我们自己选择了工作方式，在不知不觉中，允许并接受他人对待我们的方式。缺乏心理界限的便利贴男女往往会将很多事往自己身上揽，也不好意思拒绝别人。他们习惯观察他人的表情，忖度他人的喜怒，别人只要稍不如意，自己就会感到歉疚。因此，便利贴男女总是无法坚持原则，总是担心他人对自己有不好的评论和看法，他们总希望自己在他人面前能一直保持良好的形象，而在被他人忽视时，则会感到痛苦万分。

接下来，我们看看是哪些原因让我们变成了便利贴男女。

缺乏心理界限的六种典型

1. 情绪勒索型父母

这种类型的父母通常让孩子难以按照自己的意愿做事，当孩子的想法或做法不顺他们的心意时，常常会听到他们抱怨："我的命怎么这么不好，生了一个不知感恩的孩子！""我好可怜，你们都不回来吃饭，我只能一个人孤零零地吃饭……"他们通过装可怜来引发孩子的罪恶感，让孩子不得不顺着他们的心意行事。

"你要离开家乡去念书我很难过，这样很久才能见到你一次，你可不可以找离家近的学校去读？"而在孩子的人生选择上，他们的勒索会以"柔性"的方式呈现——对孩子的选择无法给予祝福和尊重，这会导致孩子对自己的决定产生怀疑，同时会对父母感到愧疚。因此，当孩子认为自己的拒绝可能会令父母感到失望或伤心时，便无法再开口拒绝。

有时，我会说，这类父母就像是自恋的父母，所有的事都以自己的感觉为重，依赖他人的行为来肯定自己，通过他人对自己的服从来证明自己的重要性，常常在亲子互动中放大自己的感受和渴望，忽略并压抑孩子内心的需求。

在自恋者心中，他们无法将他人视为独立的个体，而是认为他人的想法和感受应该与自己一致。当别人的意见与他不同时，就会表现出强烈的抵触情绪。

所以，在关系互补中，总是重视自己感受的父母容易养出无法重视自己感受的孩子（或没有权利重视自己）。这些孩子非常惧怕他人的感受，他们不仅无法顾及自己的感受，还急于去满足他人的感受，又在满足之后备感心酸、委屈，却无可奈何，于是，他们在失去感受的同时，也失去了设定界限的能力。

2. 受苦的父母

这种类型的父母因环境或命运使然，经常被金钱问题搞得焦头烂额，他们通常辛勤劳作，样貌愁苦，他们也有很多无奈，但一般不会去要求孩子做什么，也不想让孩子知道发生了什么，甚至把痛苦往肚子里吞。这种父母的孩子往往乖巧懂事，主动找事情做，当一个不让父母操心的孩子。

有受苦的父母，就容易有令人“放心”的孩子。这样的孩子会不自觉地过度承担很多职责，希望用自己的力量，减轻父母的压力。他们不喜欢成为别人的负担，却看不清楚自己的极限，因此常常不清楚责任的分工。

这个惯性其实来自孩子的早期经历，一直帮不上父母，导致孩子产生挫败感，他们下意识地认为，只要我变得乖巧懂事，爸爸妈妈的操劳烦恼就会少一些。然而，这并不能改变父母的状况，他们因此产生了更深的挫败感。于是，他们随之衍生出一套机制：如果有人需要他协助，他就会义不容辞地协助，好让他摆脱儿时的挫败感，成为有用的、能帮助他人的人。他们在不知不觉间往肩上扛的责任越来越多，为自己能帮上忙而自豪，觉得自己是个非常有责任感的人。但正因为他太可靠，身边便聚拢了许多依赖型的朋友或同事。

所谓的乖巧懂事，也意味着他们不哭不闹，不会表达自己的需求和情绪，超龄的表现，压抑着他们内心仍然想当孩子的那份渴望。

他们压抑自己的需求和情绪，就无法在界限被侵犯时有所察觉，看不见自己的界限被侵犯，则无法及及时保护自己。

3. 控制型的父母

在我们的文化中，特别容易有“孩子是父母的财产”的观念。一些权威与控制型的父母往往不允许孩子有自己的想法，甚至不承认孩子是独立的个体。他们不允许孩子说

“不”，孩子若是拒绝就会被视为忤逆。若孩子不能合乎他们的心意，他们便会产生强烈的焦虑。控制型的父母常常通过体罚来达到目的，如果孩子反抗，便会遭到更强烈的打压与威吓。暴力的管教方式或许会让孩子心里不服，但更多的是充满委屈与不被理解的伤心。

许多权威与控制型父母，通常也是完美主义者。他们对孩子期望很高，希望他们不丢自己的脸，从小对孩子的课业要求便是高标准。孩子成长在高压的环境中，心中一直充满强烈的恐惧感，整日战战兢兢，无力保护自己的心声。

这类孩子在长大后遇到权威者，就容易落入与其儿时相似的情境，即使满肚子委屈与不满，也无法表示拒绝，暗自伤心自己的努力没有被看见，害怕自己做得不够好，更害怕自己不被爱，只能战战兢兢地完成他人的要求。

当一个孩子经常处于恐惧的情绪中，就很难感受到自己的意识和需求，需要花很多心力克服内心“害怕被遗弃”的担忧，所以在人际关系上就很难保有自己的立场和原则，更没有力量去拒绝，或发出捍卫自己的声音。

4. 小大人角色

从小你就需要承担照顾弟弟妹妹的角色，你不一定是老大，但下面一定有弟弟或妹妹，经常被要求“分享”，并且不能“计较”，因此你对自己的所有物感觉困惑，你是否真正拥有过属于自己的东西，还是你的东西往往不是你的，是大家一起共享的？

每当你想要保护自己的玩具或食物，自私、小气、吝啬这些指责就会出现，引起你强烈的歉疚感和焦虑，让你觉得自己是个做错事的坏孩子。这会阻碍你设立心理界限，让人轻易地登堂入室来对你予取予求。因此会有很多人来“分享”你的时间、经历、能力、空间……有时你甚至会用付出来感受自己的价值。

当你从小对于“所有物”的概念不明确，同时又担负照顾其他人的责任，就会把“自我”缩小，觉得自己并没有其他选择，只能负担起自己角色的职责。

你习惯了付出，习惯分享所有物，以为这些行为会为自己换来亲密的联结，但其实现实不一定会如你所愿，身旁总会有很多“长不大的孩子”或“不够负责、不愿付出”的人，让你在难以保有界限的关系里泥足深陷。

5. 情绪配偶的孩子

情绪配偶是指孩子变成父母情绪上的丈夫或妻子。原本应该是夫妻双方讲心事，但其中一个人却缺席了，比如爸爸长期不在家，妈妈感觉孤单。这时，孩子学会察言观色，看到妈妈脸色不好，觉得自己有义务照顾妈妈，于是他就成了照顾妈妈情绪的角色，这就是情绪配偶。

夫妻其中一方的缺席，有时可能真的是物理上的缺席，但更多的情况是心理上的缺席。父母常常跟自己的另一半说“我要加班”，“我就是工作很忙，没办法照顾你”，这样的情况就会造成孩子成为情绪配偶的现象，更演变为一种“爸爸跟工作外遇了，妈妈跟小孩结婚”的社会现象。父母之间有关系上的冲突，他们没办法解决，就希望通过把孩子抓进来，成为自己诉苦的对象，讲完后心情好转，就可以回到跟另一半的关系里。所以情绪配偶具有以下两种功能：

① 平衡家庭气氛

因为爸爸安抚不了妈妈，于是妈妈就把自己的情绪宣泄在孩子身上，这样便能够跟爸爸心平气和地再次沟通。你可以想象一下，当你对另一半充满怨气，找好朋友聊天、抱怨完之后就没那么严重了，因此能够回去与另一半继续相处。而我们有“家丑不可外扬”的传统，所以心中的怨怼通常都只敢对家人说。

② 理解与倾听

成为情绪配偶的孩子都是从小就发展出超强的理解与倾听能力的，这些孩子从小就很会察言观色，妈妈一个表情，他就知道发生什么事了，拥有无须言传就能意会的高深能力。而且，因为他理解妈妈，所以他不会忽视妈妈的感觉。在妈妈就是孩子的全世界的情况下，当孩子的全世界不开心了，他怎么敢开心？

孩子在成长的过程中，除了需要他人，也需要被他人需要。他的“被需要”遭遇这样的情绪喂养，那就非常危险了。他在被母亲需要时，感受到彼此身上无比强烈的情绪联结感，他意识到“没有人懂妈妈的情绪，但我居然懂”。他把这种深度的联结感当成爱的感觉，并在其中获得归属感。

很多成为情绪配偶的孩子在长大后很难找到自己的另一半，因为他从小就有“另一半”了。当他准备结婚时，通常也会跟对方说：“你要住到我们家来，跟我共同照顾我爸妈。”

这种缺乏界限的人，习惯他人用“强烈的情绪”与他联结，比如有人需要他帮忙、需要他妥协，让他感觉别人需要他，他在被需要的过程中找到归属感，因此“拒绝”往往不是他的选项。他习惯了照顾别人的情绪，却难以看见自己的情绪。

6. 无法原谅自己的人，或者自我定罪的人

如果一个孩子从小做了错事，比如严重的亏心事，始终不能原谅自己，长大后就容易被情绪勒索，觉得自己身上有阴暗的、不能接受的问题。这类问题多了，他就会自我苛责、自我批判，自己砍杀自己，甚至自我放弃。

当他自我放弃时，就会觉得“我是不是遵循别人的意志活着就好了？反正我这样活着也没什么好的。”“我现在这么糟糕，怎么会有人想跟我在一起？我的人生就这样吧！”

曾经有个案例：男孩是台湾“九二一”地震的受灾户，房子倒塌，妈妈也因此过世。男孩一直无法原谅自己，一方面，他的身上有着幸存者情结，有着家人死了自己却活着的罪恶感；另一方面，男孩在地震的前一晚跟妈妈吵架了，本来他是跟妈妈睡在一个房间的，吵架后，妈妈就睡到了隔壁房间。两张床中间隔着一道墙，分别睡着妈妈和男孩。如果墙倒向男孩这边死的就是男孩，但墙却倒向了另一边。于是男孩认为，“如果那天晚上，我没有跟妈妈吵架，那妈妈就会睡在这边，不会睡到那边。”他非常痛苦，花了很长时间，才从这件事情中走出来。

因对自己强烈苛责而产生的罪恶感，给他的心理造成了很大的阴影，损害了他的自我价值和自我意识，造成他在人际互动中特别容易自惭形秽，难以站稳立场，很容易受到他人言语的影响，也就难以坚守自己的界限。

当我们能够清楚地认识自己，知道自己要做什么，就可以给予自己足够的支持和安全感。如果你有很多心理阴影，无法给自己支持，就必须从别人身上获取，所以别人怎样过分地对待你，你也无可奈何，因为你需要这样的联结感。打造心理界限时，你要看到自己是如何被对待的，这点相当重要。

以上六种现象就是为何有人设立界限会有困难，而这些困难的背后都有相似的感受，其实不外乎就是我们刚刚讲到的几个重点：

你有罪恶感。

你很容易感到歉疚。

你很容易有恐惧感。

如果你的内心动不动就会有上述几种感受，或者你是一个害怕生气、害怕对别人展现愤怒的人，也会很难设立界限。

我们来看看刚刚提到的害怕，也就是你害怕失去与对方的关系。小时候你没有好好地跟他人设立起安全稳定的关系模式，总是在害怕的情绪下长大，怕别人眼中的自己不够好，怕他们对你失望。这造成你很难跟他人设立界限，也很难好好展现内心的声音——没有自己的感觉，也就无法表达自身的感受。

接着，你会害怕伤害到对方，害怕当坏人。但重要的是，你必须弄清楚，你的害怕到底是怎么来的？为什么会有这么多的害怕呢？即使你真的让对方失望了，后果又能有多糟糕？要知道，恐惧感是会自我喂养的，也就是说，你会不断提起它，不断放大它，搞到最后，你会觉得，自己是个无法好好跟别人相处的人。

造成你害怕的一个原因是缺乏朋友圈。若是没有稳定支持自己的人在旁边，会很容易陷入某段关系里。如果这段关系一直剥削你，对你予取予求，但你却无法离开，那么很有可能是，只有这个人可以给你你很渴望的某种归属感和联结感。

因此，设立界限时，朋友是很重要的，因为朋友可以支持你度过那个内心充满恐惧、罪恶与歉疚的时期。有时，这些强大的感受融合在一起，独自一人是很难面对的，所以缺乏朋友圈的人，很容易产生界限设立困难的情况。我看到很多人，他们在人际关系中很孤立，而越孤立，就越难设立界限。

在你的人际交往法则里可能有两种现象，就是所谓的“极化”或“二元对立”。你跟这个人有关联时，却无法跟他说出你的真心话。例如，你可能很想告诉他：“我很不喜欢你在别人面前揭我的底，我把自己这么多私密的情感或生活经历告诉了你，你却告诉别人！”但你又想，假使我诚实以告，这个人肯定会翻脸走人。

你该仔细想想，为什么你会觉得对方会因此翻脸走人？为什么你这么不信任自己？你在关系里所付出的情感、所奠定的基础在哪儿呢？

请回到你对自己的信任问题。你是否相信自己呢？相信自己在维持这段关系里做了很多事，已经获取了足够多的信任。或者，你又觉得自己没有价值，你不相信自己，你有太多的恐惧，不敢相信你的付出能够让别人愿意聆听你内心的声音。

他人的眼光和社会的期待，其实就是我们对界限的疑问。我们好像觉得，做一个有自我意识的人很自私，但有时却又羡慕那种很有原则、很有魅力，很敢说出自己要什么的人。我们所羡慕的这些人，你会觉得他们是自私的，只为自己着想的人吗？

界限的设立旨在保护关系，保护我们在关系里维持与对方的平等关系，保护我们对这段关系持续热情。因此，你在关系里的感受是很重要的。如果你愿意用这样的方式思考，你就可以帮助自己设立界限。

希望大家可以通过自己的童年经历或相关伤痛事件的回顾，找出自己在人际互动中的影响和限制，这样才能让你在下一次他人对你提出超出你的极限或并非你的职责的要求时，回到自己的内心，询问自己：我要让这个人进入我的思维和生活吗？我要让这个令我无奈、委屈的事情重复发生吗？我是否很好地照顾与尊重了自己内心的感受？我是否能说出我想说的，不伤害他人也不被他人伤害呢？

现在，让我们一起停下来感受自己，或许，你会有不同的答案。

Part 2

在关系里设立界限，创造更深刻的联结

我尊重你的生命与你需要的生活模式，我尊重你的选择与决定，我知道那是你觉得安全的生活，只有当你愿意的时候，我才能真的帮助到你，去过我们共同认为的“好”生活。

忍一忍，很多事情就会好转？

很多人在身处一段关系里的时候都有这样的困扰：觉得自己无法进入很紧密的联结关系之中。有人在关系初期就会不自觉地想要退出或是逃避；有的人则是经历好几年，都没能感觉到与对方有深刻的联结。有些时候，我们要让自己在关系中“忍一忍”，深刻的联结才会建立。

爱是恒久忍耐，又有恩慈——《爱的真谛》

《爱的真谛》如此唱诵，可很多人却在关系中挣扎。我们发现，有许多事在爱里无法忍，我们起初以为是自己不好，没能忍住，却不知道其实是我们忍错了：一再姑息对方，让对方无法为生活负起责任。当然有时候我们要忍的是自己，要限制的也是自己。只要我们愿意限制自己，很多联结反而可以得以建立起来。

关系里的必须忍：关系里的张力

当关系里的双方出现不高兴、失望的情绪时，必须要学会忍耐。我们害怕受伤和失去，因此无法忍受对方的不满意所带来的关系张力。有的人觉得自己做错了事，从而在这种张力里不断讨好对方；有的人则是直接选择逃避或离开关系，但究竟关系里的不满意是什么，最终却没有得到解决。

让自己待在关系里去面对彼此不满意的部分，忍住心里想要逃离和妥协的欲望，正视对方与自己不同的声音，在这个阶段非常重要。

“你为什么总是这么忙，不来陪我……”男友这样说。

女友听到这番话后便感受到深深的罪恶感，似乎自己在关系里没有扮演好自己的角色。但同时她又觉得委屈，这几天父亲生病，工作又忙碌，真的分身乏术。她很想做到面面俱到，却没想到男友还是不满意。

“对不起……都是我不好……”女友怯懦地道歉，心里又内疚又委屈。

“你不要加班了，我不喜欢一个人吃饭，你下班赶快来陪我！”男友像个大男孩般要求道，认定女友会为他再多挤出些时间来。

亲爱的，关系会失衡，都是因为我们在每一次的“张力”里所做的选择，这个选择培养出了对方予取予求的习惯，而且对方也不一定会理解你的处境，甚至无法在你需要的时候帮上忙。在这个案例里，女友的特质里有着过度为他人负责的倾向，她习惯将所有的过错揽在自己身上，却没有意识到自己已经到了极限。

所以，究竟要忍什么，才能取得关系中的平衡呢？

女友的讨好来自其内心的恐惧，她害怕失去关系，也害怕他人眼光中那个“不够好”的自己，所以她无止境地付出，只希望能让他人满意，同时也维持住关系。当她无意识地一味退让和妥协，最终只会逼自己超出极限，甚至可能在委屈爆表后，开始批评指责对方自私，但自始至终，她却从来都没有将自己的需求说出口。

以专业的观点来看，过度为人着想的照顾者往往会吸引不会替人着想的被照顾者。我在许多的心理界限课堂上，见识过不少很会照顾人又缺乏界限的女性，她们觉得自己的另一半就像个还未断奶的婴儿，总是嗷嗷待哺。

阅读本书的你，很可能也有过类似经历，倘若如此，你就需要帮助自己去正视伴侣的状态，通过关系困境的考验，因为以上种种问题都是你自己吸引来的。你可以通过忍耐解开这些难题。上述案例里的女友，她要做的就是要忍住内心的担忧和害怕，让“张力”持续，直到达到关系的平衡为止。

不再担忧关系张力，为自己解开关系失衡的难题

我们需要告诉自己：“我很害怕他人对我的负面评价，也很害怕失去关系，这些害怕我都要努力去理解，我现在要做的，是为我们关系的平衡与深化做点什么，一直付出和妥协并不会使关系圆满。”

因此，女友可以这么对男友说：“我很抱歉让你感觉受到冷落，我也想多花点时间陪你，但这段时间我真的累坏了，我也很需要你的陪伴、你的理解，可以让我觉得我不是一个人在苦撑。你愿意陪我一起度过吗？你觉得我们应该怎么做？”

女友的这段话，一共说了这些事：

1. 承接与理解对方的感受。
2. 说出自己的感受和需求。
3. 找到双方可以共同面对挑战的方法。

如此，对方才能懂得你的需求、处境以及困难。两个人都需要在关系里负起责任，负起保护这段关系的责任，而不是单方面要求某人来满足另一个人孤单的感受。

在关系里，我们并不总是需要另一半提供肩膀，他只要能适当地提供就足够了。但是否能在自己有需要时表达给对方，往往是关系里的照顾者面临的最大的挑战。当我们懂得表达自己的需求，才能让另一半有机会学习付出，平衡关系的付出与得到。

亲爱的，我们最终要寻求的是关系里的共识，不是关系里的和谐，或是单向、假相的满意，更不是将关系张力视为威胁或错误。因此，在忍耐中，我们给关系设立界限，保护它不会因为受到外在因素（亲人患病、工作）的干扰，而伤害到彼此的亲密。让彼此在安全的环境里，感受到支持与联结，也在共识中，深化彼此的信任与亲密，有足够的韧性来共同面对关系里所产生的挑战。

爱不是交换，是很深的尊重

有一天，我和朋友讨论相处模式的问题，我们彼此交换对这一问题的看法，没想到，擦出了令我深思的火花。

故事很简单——

男孩工作一整天十分辛苦，想要吃顿饭好好放松放松，但时间已经是晚上九点了。女孩刚跟朋友吃过简单的晚餐，觉得可以再陪男朋友吃一点。然而，当她知道男孩要到十点钟才能过来找她，便不满地抱怨道："这也太晚了吧？我好累，想睡觉了。"

男孩虽然很想好好吃一顿，但也不想勉强对方，于是便说："那你去休息吧。我自己去吃就好了。"女孩却又立刻改口："不要啦！我陪你去吃，我会打起精神的。你快过来吧！"然后不停地催促男孩快一点。

男孩已经工作了一整天，身体十分疲惫，现在最需要的就是放松地吃顿晚饭，面对女友的反应，他开始感到有些不开心。

这个故事是有前因的，在两人的通话中，男孩明显地感受到女孩的催促以及不耐烦。而且在从前的生活中，每一次他有需要，女孩都会出于某些原因表示反对。

上次女孩要男孩做饭，但男孩那天却想吃寿司，女孩便说："那我自己做就好了。"然而，因为男孩已经答应女友了，就告诉她："我可以做饭给你，但我还是想吃寿司。我可以吃自己做的饭，也吃寿司。"

但两人在超市买完食材后，还没来得及买寿司，女孩就一直催促，只嚷着家里的电饭锅就要爆炸了……

在我跟朋友讨论这个故事时，发生了许多有趣的细节。

朋友告诉我："听完故事，我觉得这男的根本就是个任性的吃货嘛！"

我问："可是你没有发现他们之间的相处存在问题吗？"

朋友回答："嗯，是会觉得两人相处有点压力。"

我说："好，我再继续说给你听。"

你的付出真的是对方需要的吗？

其实女孩很细心，总是想分担男孩的工作，只要男孩的工作遇到困难，女孩就会伸出援手。一次，男孩提到老板需要几家系统商的信息，但由于工作领域相差甚远，男孩并不熟悉，女孩便询问自己身旁的朋友，立刻帮男孩搜集到很多信息，让男孩很感动。其实并非男孩主动要求女友帮忙，但只要是男孩提到的事，女孩就会主动协助。

朋友说："天哪！这女友也太好了吧！那男生还任性个什么劲儿？这样的女孩去哪里找？！"

"可是你有没有发现，男孩并没有要求女友做这做那，女孩用自己的方式表达出的关心，男孩就一定要全盘接收吗？"我问。

朋友理直气壮地告诉我："就是因为在乎，所以才会关心他，想要为他付出！女孩也不会对谁都这么付出吧？这个男孩应该珍惜才对！怎么能只想到自己呢？"

听到朋友的这种观点，我愣在一旁，惊觉这正是许多人都有的想法，认为只要有人对自己好就应该感恩，甚至不该有自己的声音。

我说："其实，整件事让男孩不舒服的地方，就是男孩真正的需求没有受到尊重，女孩一直抓错了重点。有时，我们都太'为对方着想'了，却让对方陷入为难的窘境。"

朋友接着说："可他怎么能因为吃东西这样的小事就不开心呢，他应该多想想女孩的好处！"

我说："是啊！女孩真的很善良，但关系并不是靠善良就能维持下去的。"当你的需求不被尊重，又怎么能不断想着对方的好而压抑自己的感受和需求呢？

再者，关系并不是交换，不是他用他的方式对你好，你就应该牺牲自身的需求来回报他，而是身处关系里的彼此，究竟能不能看清楚彼此的需求，并尊重它。

如果男孩一直感受不到选择的自由，便会在这段关系里感到压力，一边享受着女孩的好，一边觉得无法做自己，但又不希望彼此不开心。

付出若是为了换取爱与顺从，便成了控制

亲爱的，回到我们日常生活中，你会发现，这是处处可见的相处经历，不论是你与另一半、你与父母，或者你与孩子，都容易发生这类现象——

"我为他付出了这么多，他为什么还拒绝我？"

"也不想想我花了多少心思？他为什么就不能听话一点？"

我们总是以为，付出就可以换来对方的爱与顺从，却没看见付出有时也是一种控制，要求对方按照我们的意愿行事。当对方不愿意时，就指责对方，认为他们任性妄为、不

知感恩，却没想到，对方本来就是与我们不同的独立个体，有着自己的思维、意识和需求。

由于我们都在相似的文化里长大，自然会把他人的付出看在眼里，每当自己做出违背对方心意的事时，就会倍感罪恶。同时又感受着被压制的痛苦，最终失去活力，也失去了爱的能力。

在关系里，我们需要拥有彼此之间的界限，好比男孩在休息时，可以选择他喜欢的方式休息，当他获得足够的休息，也感受到自己在关系里的自由时，就能更有力量付出爱。女孩则需要懂得自己的付出是自愿的，不是用来换取男孩回应的。

一旦你落入总是等待他人回应的状态，便会模糊自己与他人的界限，不时在他人身上找寻自己被认可与被爱的证明，患得患失，甚至开始控制他人的反应和行为，以确认自己是被爱与被认可的。

亲爱的，我们都可以成为不必等待他人回应的人，只要懂得自己就好。

当愿意看见彼此的差异，理解并给予彼此空间（这除了是对自己的信任与尊重，更是在为彼此设立界限），尊重彼此的意愿，甚至支持彼此的决定，就会在界限里充满力量，创造健康与长久的爱。爱你的人自然会留下，不爱你的人也无须企盼。

无法改变家人？有一种苦，是你觉得他很苦

真正让你操心的，是你无法改变他

你说，你很舍不得他在生命中受苦。

你无法放心他现在的生活模式，不懂他为什么要这样折腾自己。

你眼中的他，身上总有一抹黯然的孤寂，若有所思地在客厅里看报纸，偶尔看见他开着电视，但心思不知道神游到哪儿去了。

你很为他感到惆怅，心疼他的生活单调又孤独，担心他再这样下去，会更封闭。你不断提醒他，愿意陪他出去走走。你总是邀他一起行动，鼓励他去与朋友见面、出游，但

他却不以为然，用各种理由推托，或者勉为其难地去做。

你很为他感到忧虑，多么渴望他能跟你尽情地聊天、欢笑，多么期待他可以是你一通电话打过去就能谈心的对象，多么希望他可以跟你分享生活，即便是你已经知道的单调乏味的事情，仍会让你觉得你们像电视上演的那样亲密无间。

——可惜他不是。

你和他的对话总是停留在日常琐事里，你一直觉得他听不懂你，或担心昂贵的电话费而不愿与你聊太久。你觉得，他一辈子都在谨慎与拘束中生活，辛苦了大半辈子，却不懂享乐，老是活在贫困与不安中。

你为他感到心酸，却也为自己感到难过。

是时代，是代沟，是不同的生活轨迹，阻隔着你们。

你感到越来越无助，为什么你尝试这么多次却怎么也推不动他？

你感到越来越愤怒，气自己无能为力，也气他冥顽不灵？

你感到越来越挫败，好像你没有尽到子女该让父母快乐的责任？

你感到越来越痛苦，因为你得不到你想要的关爱？

你怀疑，人不该是趋乐避苦吗？

为什么会有人愿意守着孤单寂寥，而不让生活有更多的可能？你不懂，在那日复一日的生活里，究竟是什么绊着他，使他不愿走出自己的框框？于是，你总结出了一个结论：一定是自己做得还不够，否则他怎么可能不愿意改变？

即使你不断地在关系里摔倒，仍努力去改变他的思维。

因为你是为他好！

殊不知，你眼中的苦，却是他稳定的安全感。

亲爱的，他真的苦吗？他真的如你所说的那么寂寞吗？

你对他的那份操心与不舍，真实地困扰着你。你相信有另一种生活方式比较快乐、有趣、丰富，也更为正面，因此你不断散播你所认为“好的生活”给你亲爱的家人，试图改变他们的思维和观念，以及生活模式。

你看到他身上的衣服老旧又松垮，却发现前些日子你买给他的衣服至今仍未拆封；你看到他总是节俭饮食，却发现年节时送的营养品已经悄悄过期。

你不知道你的关心和爱，他是否能看见，是否愿意接受。

其实，你们之间的隔阂与沟通障碍，来自对安全感的需求。他需要安稳的、变动不大的生活，需要干扰不多的环境，一种可以清楚掌握现在与未来的能力，接下来几年里日复一日的生活，是他所熟悉的，在他控制之内的，任何一点调整与改变，都会带给他情绪上的不安。他所熟悉的生活节奏一旦乱了，焦虑与挫败便会随之而来，让他陷入自我否定的恐慌之中，产生那种“我怎么这把年纪还需要担心这些事”的糟糕感受。

这不单纯是念旧、守旧、固执，而是他们对自身安全感的需求与你不同。即使生活在同一个家庭，每个人的生活观念也会因为个体和天性的不同而有所差异，希望家人能够理解他们的生活方式。

给自己与家人的感受，划出清晰的界限

亲爱的，真正的“为他好”，是接纳他如其所是的模样，尊重他最需要的生活模式，看清你与他对安全感不同的需求，放开你对他的担忧与期待，也尊重他在这么多的选择里，选了你觉得苦的生活。

你可以不舍、难过、无奈，但你需要清楚地看见，他正在为每一天的生活做出他感觉安全的选择。而你应该好好回到你自己的生活里，不要一直受到家人的情绪牵绊，害怕过你觉得乐的生活。

如果你一时不知道怎么做，可以练习在心里说些话，照顾自己的感受，协助自己慢慢划出心里的界限。有一天你将能够慢慢厘清你与家人的感受，是他真的苦，还是你觉得

他苦？

自我照顾练习语

我尊重你的生命与你需要的生活模式，我尊重你的选择与决定，我知道那是你觉得安全的生活，只有当你愿意的时候，我才能真的帮助到你，去过我们共同认为的“好”生活。

我知道，我会为你感到难过与不舍，这是我自己的事。我允许自己对你有这样的感觉，但我仍然尊重且不干涉你的选择。

因为，爱是彼此尊重，如实接纳，我愿意如实地感受我的情绪。我会学着用你想要的方式爱你、尊重你。

亲爱的，放开对家人的期待，这个过程并不容易，因为你会恐惧，你可能永远得不到你最渴望的关爱方式，但你也用现有的方式争取很多年了，不是吗？学习用新的方式对待家人，也许这样的“放手”，可以让你获得更多。

界限清楚了，关系才会更紧密

未被正视的夫妻冲突，成为亲子关系的阻碍

两个人在一起相处，最难避免的，就是拥有不同的经历、想法和感受，彼此的差异往往是冲突的来源。

以和为贵一直是中华文化所重视的观念，而许多夫妻却在相互的妥协中，消磨掉彼此的爱。在关系中不断隐忍曾经是被推崇的美德，但我们依旧需要发泄，而且往往把发泄对象对准家庭里比较弱势的人身上。

因此，最常见的情况是，孩子成为父母其中一方的情绪垃圾桶，经常需要听父母一方的抱怨、哭诉，更严重的甚至是被情绪虐待，经常需要承受父母因情绪不稳而做出的指

责、体罚。

所谓在关系中的隐忍，意味着关系的其中一方权力大地位高，或是一方因为恐惧失去关系，而隐忍自己的需求。夫妻关系失衡，形成一言堂，会影响亲子关系的健康。

关系的稳定与平衡，并不是权力大的一方终于有一天觉醒，开始忏悔自己从前多么霸道，多么不懂得珍惜，关系就能平衡，而是关系中的另一个人应该为此负起责任，反思是不是自己因为害怕冲突而逃避问题、逃避沟通？是不是自己把对另一半的愤怒移转到其他人或事物身上，以寻求这段关系的平衡？

面对关系中的冲突与问题，是为了保存彼此的爱

设立界限最重要的目的，是为了保存爱。既然要保存爱，就需要确保我们在爱里彼此平等，感觉舒适。因此，面对冲突与正视问题就是设立界限的过程，它帮助我们真正地保存在关系中的爱。

可为什么这样做才能够保存爱呢？

面对冲突，正视问题，这样面对面的挑战是为了增加两人关系的联结，表达出早该说出的话，目的是使两人的关系变得更好、更紧密，继而产生出更多的关爱与敬重。双方的

对话源于对彼此的在乎，是为了让痛苦和怨恨不在心中滋长，拉近彼此的关系，而不是以结束关系为目的。

但可惜的是，我们往往直到忍无可忍的时候，才说出真实的心声，这时，对方的反应如何，已经不再重要，因为那时我们已经决定放弃关系了。

一场真诚与开放的对话，可以保住珍贵的情谊。

亲爱的，你可能会害怕，因为你认为界限就是拒绝、就是断绝，这代表你对界限依旧有着许多迷惑。以前，我们总是在忍无可忍时，才敢为自己设立界限，因为那时候，爱与不爱都已经无所谓了。请记得，每个人都可以在受尽折磨前，为彼此设立界限，为关系负起责任，以保证、巩固彼此关系的平衡。

家庭文化的差异通过界限沟通来消除

回想一下，你与家人是否曾发生过冲突或不愉快的经历？是否因为你无法将事情说明白，导致你们后来的关系变得疏离，甚至敌对？我们都希望关系是紧密的，是可以相互支持、依赖的，但可能我们过去说出口的经历，不是被拒绝，就是被否定，因此，我们越来越无法表达不同的意见。然而隐忍未说出口的话、未表露出的不悦，往往压缩着我们的内在空间，让我们的心变得狭窄，越发自我限制。

例如，在妻子的家族文化里，做的菜没有吃完，是对做饭者的一种羞辱。以前，她经常看见爸爸如此羞辱妈妈，她妈妈因为爸爸是家中主要的经济收入来源而总是闷不吭声，委曲求全。她将这些全都看在眼里，在父母的婚姻中学会了男尊女卑，也学会了如何把菜做好，把家事打理好，才不会被另一半羞辱。

如今，她的丈夫每一次吃完饭，也都是每一盘菜留一点，母亲被羞辱的画面映入妻子的脑海，她不明白，为什么自己的夫妻关系要再次重演父母的场景，自己这么努力做好一切，却还是感受到被羞辱，如同以前母亲被羞辱一样。妻子开始觉得委屈，甚至深信，之前丈夫对自己的好和承诺不过是表面功夫。

两人面对面表达出自己的想法，是解除疏离感的第一步。界限沟通本身就是一种联结，可以将两人之间的问题，带到关系的光亮处，一同看见，然后一起讨论。当你终于鼓起勇气讨论这件事，前提是你清楚内心的委屈，希望在关系里不要再受这样的“羞辱”，这是极为慎重又困难的决定。因为我们多数会承袭父母的习惯，在父母的相处过程里，学到他们的相处之道，所以容易继承母亲委屈的感受，却不一定懂得保护自己的感受。

然而，这个故事的结果却出人意料，当妻子终于告诉丈夫对于“留菜尾”这件事的感受，才发现，原来“留菜尾”在丈夫的家庭里有着完全不同的意义，那是对做饭的人的一种尊敬。最终，夫妻两人在界限沟通、表达感受之后，取得了共识，避免妻子再有委屈或被羞辱的感受，为关系划下保护的界限。

了解到彼此家族的差异性后，妻子再次得到满满的爱与被尊重的感受，这就是我们都渴望的在关系中的深刻联结。

亲爱的，界限沟通的过程或许不会很愉快，还会有自我突破的挑战，却远比不断隐藏，累积伤害、愤怒、悲伤来得健康，无论对个人的身心健康或关系的健康而言，皆是如此。练习敞开自己，说出心中感受，创造彼此紧密的爱和联结吧！

Part 3

在关系里设立界限，摆脱情感纠结症

许多被家人安排人生的孩子，都活得无力，甚至抑郁。他们从小就养成的无助感，使得他们不能、也不敢反抗父母，他们压抑自己所有的感受，以至于连快乐都感受不到。

家人，这么近却又那么远

这一节，要为大家介绍，我们究竟应该如何摆脱家人的“情绪勒索”。

在家庭中，最主要的，也是最可怕的心理症结，就是“情绪勒索”。我们来看一个例子——

Lisa已经三十岁了，她有个交往一年的男朋友，但却一直不能带回家。因为按照她过往的经验，母亲会把男友从头嫌到尾，觉得他完全没有可取之处；父亲则会在吃饭时无视男友的存在，认为Lisa的男友只会阻碍女儿的博士之路。

母亲问：“你是不是翅膀硬了，准备跟男朋友走了？”

父亲问：“我就你这么一个女儿，你就不能光宗耀祖吗？”

这些问话，你是否觉得耳熟？在问话里，那种总是让你有种过意不去的感受，使你难以按照自己的意志行事，就是情绪勒索。

你通常会因为这种情绪勒索而感受到强烈的罪恶感，被迫停下手边的事，按照家人的意志行事。说好听点是听话孝顺，其实是被情绪勒索所捆绑，让你无法真正做自己，这正是失去界限的表现。当我们在家里不被允许有意志、有声音，就无法拥有界限，难以维持家庭和谐及完整性。

有时，你会不会感到疑惑，家里某个成员的话特别有力度，逼得你放弃自己的想法，但某些成员的话就根本不用当回事？或者，为什么在家中只有你会被情绪勒索，其他的兄弟姐妹就不会？这种情况又是怎么发生的呢？

让我们先来探讨一下，被情绪勒索的内在因素。

为什么我们这么容易被家人情绪勒索？

在任何关系中，都有可能存在情绪勒索的情形，在家庭关系里，这种情况更为普遍，也更为严重，因为我们难以逃开或切断与家人的关系。伴侣可以分手，朋友可以绝交，尽管这不是我们所希望的，但尚有这样的选择，可面对父母长辈时，血浓于水的亲情令我们无法割舍和逃离。

我们之所以会界限不清，根源在于，我们从小就被父母情绪勒索。记得在前文曾经提到的吗？父母的毒性教条会影响我们的界限感，使得我们不能很好地区分自体和客体，因此无法独立，这其实就是情绪勒索。

因此你会发现，情绪勒索是一种关系状态的表现，多发生在相互依存的两个或多个人之间。究竟是什么让关系中有勒索者跟被勒索者，你又为什么会成为被勒索的那个，通常是因为你在这段关系中提供了某些东西，让别人觉得你愿意被勒索。

有这样一个故事，Cindy跟姐姐的关系并不亲近，因为姐姐在家中很受宠，她却是差点被送养的孩子，因此两姐妹在家人心里的地位落差很大。三十多岁后，姐妹俩都结婚了，Cindy才有机会跟姐姐畅谈。她问姐姐："我从小就一直觉得家里很穷，因为妈妈一天到晚在哭穷，那你的感觉呢？"

结果，姐姐回答："妈妈就是在演戏，你还看不懂吗？"由于妹妹从小就被妈妈穷困的表演困住，她为了妈妈，省吃俭用，住非常简陋的宿舍，为的是帮妈妈省钱。可是姐姐却并没有被困住，她选择住好的宿舍，家里的钱不够时，她就出去打工。

但为什么妹妹被勒索，姐姐却没有被勒索？这当中最大的差别，就是她们的经历不同。妹妹基于差点被抛弃的经历，无法感受到自我价值，事事仰赖妈妈的一言一行，但姐姐的自小受宠让她拥有自我价值，便不容易被家人的行为牵制，这就是情绪勒索的共构状态。

如果你的家里也有这种情况，你一直顾虑妈妈，可你的兄弟姐妹完全无感，那么你就需要重新审视你们的成长经历所塑造出的自我状态。当你像Cindy的姐姐一样，对自己有较多的肯定时，就不会轻易相信别人的话。

Cindy差点被送养这件事，一直是她心上的一道伤口，令她产生强烈的自我否定和罪恶感，因此她也更容易被母亲的话打动，只要妈妈说了什么，她就会往心里去。可是姐姐的受宠经历让她对自己的想法和心声十分肯定，她能为自己做决定，也不轻易被他人的话影响。

情绪勒索是关系的共构，越是自我否定或自我感觉不清晰的人，越容易受人影响。但究竟为什么在这么痛苦纠结的关系里，他们还愿意一直被影响，这当中的关系利益或酬赏又是什么呢？

以下是两种共构与酬赏机制：

1. 孩童时期的照顾者就是孩子的全世界。当孩子被全世界需要时，会感受到联结与归属，因此，越是被否定的孩子，越是需要从别人身上获得肯定或认同。孩子需要“被需要”没错，但当他被需要的感觉是通过情绪勒索般强烈的情绪来获得时，就非常危险了。

这时，情绪勒索的存在，反而是一种深刻的爱与归属的感觉。若失去这层联结，被否定的孩子将会失去归属感。

2. 拼接式自我：在成长的过程中，我们认识自己的方式，是由一个一个片段拼接起来，从他人眼里建构自我。如果你经常说“我妈妈说我怎样怎样”，那代表在你的内心里，母亲的组成部分很高，容易缺乏自我价值和自我意识，会顺着母亲的思路走，享受被人决定人生的轻松感，无须真正形成自我意识，为自己的人生负责，认为无论好坏都是母亲决定的。

若要摆脱情绪勒索，就要看懂共构与酬赏机制。重要的是，当我们能够认清自己，肯定自己要做什么，并为自己负起责任，就能给出足够的支持与安全感，无须依赖他人的认可，因而不会被人控制。

如何面对父母或长辈的情绪勒索？

首先，分清楚彼此的责任。

我在一次演讲时，遇到学员Kevin发问，父亲仍在世时，他很想到加拿大念书，却被母亲阻止，说父亲身体不好，不知道还有多少时日可以陪伴他，Kevin听了之后就决定不去了。父亲离开几年后，Kevin还是想出国念书，母亲又说：“有必要离家这么远吗？你就这么想摆脱我吗？”Kevin很苦恼，因为母亲一直强调，如果爱她就应该陪在她身边。这个一直无法实践的梦，令Kevin不时感到遗憾。

我相信，这个例子大家都不会感到陌生。当你想要去追逐梦想时，父母成为你梦想的羁绊，还责难你的梦想不切实际，背叛亲族。这些责备与恐惧背后，其实是父母满满的分离焦虑，他们无法预见孩子离开后的孤单，更不愿去承受孩子飞走后，夫妻二人大眼瞪小眼的生活。

因此，在所谓的“责任”问题上，分成两个层次：一是“家庭历程任务”，另一个是“个人成长任务”。

在家庭历程上，当孩子成年，就该成家立业，独立出去，拥有自己的家庭，或拥有自己的事业。家庭阶段也会从满巢期过渡到空巢期，也就是说，原本家中的孩子都在巢穴里受父母的哺育滋养，到了成年后，就该具备能力飞出旧巢，建立自己的新巢，家庭就到了没有小孩的空巢阶段。

空巢期的家庭任务，就是卸掉父母的角色，好好回到夫妻生活上，重新回归两人生活，若夫妻中有一人离世，则回归到自己身上，重新做自己。

然而，在我们的家庭中，最难卸掉的就是父母的职责，他们往往对成年子女过度干涉。同时，成年子女也会通过某些行为，允许父母对自己的干涉。例如，做决定时不断问父母的意见，三心二意，就像是邀请人来为自己做决定一样，那么父母就会理所当然地干涉。

因此，第一个“家庭历程任务”的原则，就是当我们与父母对话时，要提醒他们卸下父母角色里的担忧与恐惧，练习让亲子之间以两个成人的模式互动，尊重孩子的决定。要父母卸下角色，对他们而言的困难是，孩子在他们心中永远是孩子，总停留在少不更事的阶段。而我们已经身为成人，就该问问自己够不够独立自主，能信任自己的决定和行为吗？

如果以上问题的答案是肯定的，那么你就可以说：“妈，如果我出国读书，你一定很担心，觉得我还小，会把事情搞砸，但我已经长大了，你可以不用这么辛苦，我会照顾好自己。我也希望，你年轻时为我们奉献出的精力，可以在接下来的时间里好好弥补，去完成自己想做的事。你可以好好做自己，而不是只当妈妈。我看到因为做自己而开心的妈妈，也会为你感到开心！”

在“责任”议题上，来到个人成长任务的部分。在Kevin的例子里，母亲存在情绪依赖和分离焦虑的问题，所以面对孩子的选择，她总是非常挑剔，横加批评，不允许孩子出国读书的背后，是担心孩子离自己远去。因此，无论是Kevin，还是前文提到的Lisa与男友，都有相似的心理问题——父母没有准备好跟孩子分开。同时，父母也需要孩子的陪伴，来对抗孤单寂寞等各种情绪。

对于每个人的成长任务而言，“情绪独立”是很重要的一环。当父母的情绪不够独立，无法承受分离后的伤心和寂寞，就要求孩子牺牲自己的成长，陪伴在侧，那么当孩子本身也认为“自己一个人会很孤单寂寞”，就会和父母一样，陷入情绪依赖。

如果父母和孩子的情绪都不能独立，就成了心理学上常见的共依存现象，好比纠缠在一起的藤蔓，尽管痛苦却又难舍难分。

所以，在关乎个人成长的原则问题上，孩子要与父母对话，也要正视自己远行后父母的情绪问题。父母一定会伤心，会想念孩子，那么，此时的父母可以做些什么，孩子又可以做些什么呢？

以Kevin为例，孩子可以说：“妈，想到我要出国念书，你会不会很伤心？我知道你这么爱我，一定会伤心的。但这对我的人生很重要，你这么爱我，应该希望我去做能让自己开心的事吧？如果你很想念我，那我教你怎么用视频，我们每天都可以视频；或者你太想念我的时候，就去做你最喜欢做的事情，把你对我的爱和想念放在你自己的兴趣上面。你不是最喜欢花花草草吗？我帮你报花艺课，你有时间也可以去逛逛花市，你觉得怎么样？”

然后，我们还是要回到自己的需求和感受。容易被情绪勒索的人，通常特别会观察别人的情绪和感受，容易看见别人却忽略自己。所以，你需要练习照顾自己的需求。其实你很委屈、很疲倦，需要休息，可能昨天陪了妈妈一整晚，自己的工作尚未完成。这时，你就要回到自己身上去肯定正在经历的感受，现在的你，除了疲倦，还可能有很强烈的委屈，甚至是强烈的愤怒。

那愤怒的感觉是什么？是我做了这么多，你为什么还不满足？

这些感受都值得被你肯定。而且当你的感受被别人否定时，你不要跟着一起否定自己，不要觉得："我怎么可以生气？她是我这么重要的人！她为我牺牲了那么多！"

许多被家人安排人生的孩子，都活得无力，甚至抑郁。他们从小就养成的无助感，使得他们不能、也不敢反抗父母，他们压抑自己所有的感受，以至于连快乐都感受不到。

一个人会有自己的感受、情绪与欲望，这些感受最重要的目的，是来提醒与保护我们的。当我们错误地认知自己的感受，终究会导致情绪上的疾病。

很多人在患上抑郁症后去求医，才发现他们真正患的是"拒绝情绪症"。他们在思维意识里一直想要拒绝家人的情绪勒索，但在理性现实中却无法做到，所以他们不断拒绝自己的想法和需求，以致最后得病。他们借此逃离家人的掌控，因为潜意识里，他们明白，当他们成为病人，家人就不能再要求他们什么了。

我在演讲时对Kevin说："如果你的梦想一直没有实现，会不会有一天你在暴怒时对母亲冲口而出'都是你阻碍了我的人生，要不是为了陪你，我早就在国外工作了'这种伤人的话呢？"

Kevin对我点点头，这说明他已经有怨气了，要是他继续压抑自己的情绪，没有及时设限，很可能会与家人决裂。所以，他的首要任务就是卸掉角色责任，并与自己的母亲沟通暂时分离的可行性。

爱，不需要指责，但需要理解，需要说出口。当我们都能理解那份爱，以及它背后的心理纠结，就能好好设立界限，摆脱父母的情绪勒索，向自己真正渴望的人生迈进，同时也帮助父母一起成长。

前文提到了许多面对父母的状态，从这里开始，我们要谈谈"面对自己"。

当你自己已经有了共依存的现象，经常跟他人的情绪和责任纠缠在一起，那么你就需要为自己的行为和思维设限。

说到情绪配偶的例子，许多孩子承受着家人的情绪，虽然他们可以感受到强大的联结，但这对孩子而言是超负荷的。这些孩子需要清楚，情绪责任是家人的，他们要告诉自己，“这是他的情绪，不是我的情绪。他该学会照顾好自己的情绪，而不是要我来逗他开心。每个人都有责任管理好自己的情绪。”

孩子从小就会不自觉地承受许多情绪和责任，有些情绪父母无法自行忍受或消化，就直接扔到孩子身上，但孩子更无法消化，最终导致孩子出现各种疾病。

想象一下，当你现在接起家人的电话，问你周五晚上是否回家吃饭，但是你的原定计划是跟男友约了要去看电影。于是，你的回答激怒了家人，他们开始怒骂你的不孝，周五不就应该回家吗？怎么可以去约会！接着又说，你的翅膀长硬了，也不在乎家人了！我怎么会生出你这么个不知感恩的孩子？

好，说到这，你可以听见你的内心在对自己说什么吗？

你之所以被勒索，是由于你的内心也在责备自己，自己成为难以拒绝他人的帮凶。然而这些自我辱骂与苛责的言语，需要被倾听，需要被正视。

例如，你开始会说：“他其实真的很可怜，可是我也无能为力，不能为自己争取什么。他电话打来了，我就必须回家，不然怎么办？”你心里往往有无助又无望的想法在作祟。

事情发生时，你发现你有很多话想对自己说。所以，注重内心的反应是首要的。再次，回到内心的渴望，一定要从自己的内心出发，你到底想要什么？想要什么关系？想要什么样的自己？

从小不断被灌输父母的观念与遭遇情绪勒索的孩子，对他们来说，拥有自己的想法是相当困难的事。通常，他们在拥有想法和感受的第一时间，就会遇到挫败或指责，于是他们更倾向去做他们能够做到的——压抑自己的心声，只为了让身旁的人快乐。被情绪勒索的孩子在家中通常并不快乐，因为他们心中的愿望没能真正实现过。他们经常认为，只要我多做一点、再努力一点，别人就会开心，但事实并非如此。最终，还是要回到自己身上，先帮自己安排好生活，明白自己想要什么样的生活，什么样的互动，而不是去迎合他人的期待，或安抚他人的情绪。

在人际相处中，偶尔会有人让你觉得，你跟他的交流互动很舒服自在，和他在一起时你可以完全做自己，那么，这样互动的经验是什么？你能不能将它复制到你的家庭关系中？所以，回到内心的渴望，你愿不愿意为自己画出蓝图？关于你自己、你的家人、你们的互动的蓝图？

当我们观察内在思维，也看见自己内心的渴望后，下一步便是以新思维来面对关系，其中最重要的是，你要传达自己希望怎么被对待，以及你不需要忍受什么样的对待。还有，结合前面提到的观念，每个人都该为自己的情绪和状态负责。

你的新思维可以是："我是一个成年人了，吼叫无法摧毁我。"

"我不必负责让气氛变好。"

如果你一直是家里的开心果，一定会觉得自己有责任让家里的气氛变好，那么新的思维可以帮助我们重新调整步调，不再依循旧有模式前进。

请对旧的思维设限，通过新思维调整"我是他的孩子，理当被他管"以及"他不开心都是我的错"的思维，为自己找回生命的主导权，重点要体现出你的渴望。当你站稳立场，肯定自己的感受，你可以跟父母这样说："你们一直是我最爱、最重视的家人，但我的生活实在不能绕着你们转，我有自己的工作、有自己的爱人。我希望你们一直是我最稳固的后盾。你们可以祝福我的人生吗？可以支持我的决定吗？因为你们的支持对我而言非常重要。我已经不再是那个小朋友了，我希望你们能支持我现在的生活。"

当你区分开责任，看清楚自身感受，也为旧思维设限后，就可以进一步取得父母的成全，拿回你的主导权。

当然，除了归还责任外，我们也该负起自己的责任，而不是将自己的错误选择推到他人身上。

我有一个五十多岁的学生，她将近四十岁才结婚，与丈夫认识不到半年就办理了婚姻登记手续，但登记时她甚至还写不出丈夫的名字。她说，自己结婚就是为了争一口气，在她们那个年代，快四十岁又事业有成的女人，是一点都不被看好的。她草率地结了婚，放弃了事业，下乡跟丈夫一起生活。十多年来，他们夫妇经常吵架，吵得不外乎是她看不起丈夫，而丈夫也讨厌她邋遢，见不得人。她每次跟丈夫吵完架就跑回娘家，朝自己的母亲咆哮，母亲只好一次次把她的弟弟叫来救援、劝阻。我发觉，她将自己被迫结婚后的挫折与愤恨，怪罪到丈夫跟母亲身上，要不是当初母亲威胁要断绝母女关系，说有这样的女儿真是丢脸死了，她才不会跟那个人结婚。

我陪着这名学生一起回顾过去，面对四十岁时的她。她意识到，当初自己并不是被迫结婚，而是找不到方式跟母亲沟通，自己又不敌社会对于大龄“剩女”的歧视，在种种压力下，当出现“还可以”的对象时，便赶紧跳进婚姻的坑，灭了母亲与自己心中焦虑的火，然而这种匆忙却导致了婚后的不快乐。

当她愿意承认当初的恐惧与焦虑，也承认当初的无奈和无助，并接纳自己的选择，为自己的选择真正负起责任时，她终于可以用平和的眼光看待丈夫。

当你愿意承担自己的责任时，你就会增加对自己的愉悦感。这是自我完善的一种方式，可以让自己变得更强大。当你对自己负责时，你就懂得每个人都该为自己负责，进而划出彼此的界限，彼此不侵犯对方，不干涉对方。

界限的设立与自我状态脱离不了关系。你越清楚自己是谁，越肯定自己的存在，也就越能清晰地感受到，自身的情绪和感受必定有其原因，所以不会批评它、否定它。

当我们提升与强化自我时，就能够给自己以安全感；当我们被他人否定与批判时，应坚持做自己，而不是变成对方的战友；当我们拥有安全感时，就不会在情绪勒索的困境中寻求扭曲的人际联结、归属与被需要的感觉，自然就能摆脱情绪勒索。

说到这里，我相信还是会有人说，与父母设立界限，那种罪恶感是很强的，我该如何帮自己缓解罪恶感呢？

我往往会提醒大家，罪恶感是心理成长的里程碑，代表你正在脱离原有的受控状态，往属于你的道路发展。罪恶感是你觉得自己做了错事而产生的感觉，也是由于你跟父母的期许不一致而产生的。

消除罪恶感最快的方式则是，回到父母身边，做乖巧的孩子。但这并不能真正帮助彼此的关系成长，反而会让情绪勒索持续发生，关系也持续扭曲。因此，你可以做的方式有两种：一种是自我支持；另一种是有意识地选择。

自我支持就是当你不再顺应父母的期待时，心中的罪恶感油然而生，就对自己说："谢谢你愿意挑战自己，做出与以往不同的选择，有罪恶感是一定的，让我好好抱抱你、陪伴你吧！"

接着，在心中拥抱充满罪恶感的自己，也接纳有罪恶感的状态。在此阶段中，父母也必须适应关系改变的过程。当你愿意坚持并持续让父母懂得分清双方的责任时，父母适应后，你们就能彼此独立了。

另一种方式是，当你感受到情绪被勒索时，可以有意识地选择被勒索，告诉自己："我知道他在勒索我，但我今天愿意听他的话。"这是可行的。最大的差别在于，"我已经有意识了，并不是在没有选择的情况下被迫接受的。"培养自我掌控能力，可以帮助我们增加对自我的控制。如果你不想承受罪恶感与他人的批评，可以暂时选择顺应和讨好，但是，你不会再像以前那样害怕被断绝关系。

当我们的内心足够强大，你就能够听从内心的声音做出决定了！

为什么最爱的人伤我最深?

在亲密关系里，界限不清楚，该怎么办？有哪些类型的伴侣是我们需要设立界限的?

这一节中，会有许多你我熟悉的，日常亲密相处中常见的场景，你能够学习到设立界限的观念与技巧，并运用到生活中。了解情绪勒索的类型与观念，才能提高警觉，避免在亲密关系中一再被勒索，越陷越深。

我们都觉得，设限就是要求、限制对方的行为，他停止某种行为，我才会觉得舒服。但相信经过前面的介绍，读者对于界限已经略有了解。设立界限的一方，其实就是我们自己，也就是说，我们永远只能控制自己，为自己的行为设限。

心理界限跟我们的早期生活经历有关。假使我们早期的教养者都能够尊重我们的情绪与感受，例如，我们生气时，他会说：“这件事让你很生气，我明白你的感受。”相对地，我们也能够尊重别人的情绪与感受。

有时我们无法对别人设置界限，是因为我们否定了自己的内心情绪，也对自身的感觉感到不适。通俗点说，设立界限等同于我们在表达感受、表达需求。在爱情心理学中，与伴侣的相处往往会呈现我们内心最深层的需求，也会呈现最底层的畏惧，如果我们不能在亲密关系中有良好的界限，就容易造成失衡且痛苦的关系，最终导致爱情悲剧或凄惨的家庭生活，让关系里的每一个人都痛不欲生。

爱是需要练习的，太多的折磨与委屈，无法展现爱的恒久，有的只是又深又远的怨恨。

哪些伴侣需要设界限？

我还从没有见过哪对恩爱的夫妻是有明显地位差别的，健康的关系需要彼此尊重、包容，并且心理地位相当，否则，也许可以维持表面的和平，但在真实的关系当中，却充斥着恐惧与不满，最终导致彼此疏离。

我想问问大家，你对自己目前的伴侣关系满意吗？你们的关系是相同的等级吗？的确，在家庭中有人就是比较会赚钱，但真正的亲密感是没有等级的。当你感受到等级明显时，千万要留意，是什么原因造成你们有等级的现象呢？

如果你在关系里感到不满，那么是委屈伤心的时候多，还是愤怒无力的时候多？当你经常有上述这些情绪，来看看下面几种伴侣类型，可能你是其中一种，也可能你的伴侣是其中一种，你要做的，就是在伴侣关系中，帮助自己，也协助对方设限。

1. 大宝宝型的伴侣

简单来说，这类伴侣通常不负责任又依赖性强。他们往往缺乏主见，事事都依赖你，要你为他负责。比方说，伴侣工作不顺心，就冲着你诉苦，不管你想不想听，都一定要帮他出主意；或者是周末要去吃饭，他会跟你说，没意见，都可以，但选了餐厅之后，却又说这个不要、那个不好，最后搞得十分扫兴。你问他，为什么有意见不早说，他总是回答：“我没想到啊！”其实是他们无法为自己的决定负责，习惯别人帮他做决定，要是结果不好，他就理所当然地怪到别人头上。伴侣太黏人，要求你一直陪着他，你会感觉没有了个人生活。

再者，他们的生活秩序通常是杂乱无章的。物品在屋内扔得乱七八糟，你就像个老妈子似的一直跟在他后面捡东西。他被你伺候得很好，却将你的付出视为理所当然：“反正我的另一半就像保姆一样，她会帮我收拾屋子、做饭、为我打点好一切。”所以，他不需要负任何生活方面的责任，把东西扔得到处都是，但身为伴侣的你会有什么感受？

起初，你会感觉自己对他很重要，但久而久之，便会产生厌倦与厌恶的感觉。这时，你要去思考，为什么我会有这种感觉？是我太自私、太计较吗？

也许，你经常跟对方说：“你能不能别乱扔衣服？”另一半就回答：“你何必这么斤斤计较呢？不过就扔个衣服而已啊！”

这时，你的眼前可能会浮现出自己小时候的某个镜头，你抱怨某一件事，但家长们都拒绝你、否定你。你只是想表达自己的需求，家长们却都在否定你的需求，认为你不该抱怨。

如果这种情况经常在你和伴侣之间发生，你就需要告诉自己，你也一起维持了这种互动模式，你要为这个互动模式负责。假设你每次都能接受这种情况，那你可能不仅仅是否定了自己的需求，某种程度上你很享受替别人做事的快感，也很喜欢被黏着、被需要的认同感。

总体来说，大宝宝型的伴侣有三个特征：杂乱无章、不负责任又依赖性强。当你感觉他打算推卸责任时，你要先为自己总是急着帮忙的冲动按下暂停键，深呼吸，问问自己，现阶段可以给他什么帮助，然后便将剩下的放手由他自己承担。

你可能会说：“不行啊！我受不了他乱七八糟的！”好，那就给他乱七八糟的空间，在那个空间和区域里不干涉他，给他绝对的自由。而剩下的公共空间，就要求他负起责任，共同维护，否则他将失去跟你一起生活的机会。

写到这里，我想你们更能体会，为伴侣设界限就是先设好自己的界限。

2. 把对方当提款机型的伴侣

这类伴侣有些天真烂漫，不一定能脚踏实地生活。有个故事是这样的，一位丈夫很疼爱自己的妻子，总是尽可能地取悦她，他将自己的信用卡副卡给了她，让她可以买自己想要的东西，但由于没有限制，妻子时常把卡刷爆。后来，为了满足妻子的需求，丈夫甚至兼了两份工作。

当问到丈夫为什么不限制妻子时，他的回答是因为他很爱妻子。但真正深层的原因是，丈夫舍不得妻子因没有满足需求而感到失落。

这位妻子小时候家里生活十分清苦，物资匮乏，长大后立志找个“长期饭票”，让自己下半辈子吃穿不愁。后来真的找到一个“长期饭票”，相当宠爱她，不让她为金钱烦心，安心在婚姻里当个还没长大的小公主。

然而，因宠爱养成另一半对金钱没有概念、对欲望没有节制，只会造成伴侣在财务上的负担越来越重。巨大的经济压力势必会影响两人的感情，终有一天，这对伴侣将无法承受入不敷出的惨痛代价，进而亲密关系也将破裂。

如果这种情况经常在你和伴侣之间发生，那你就要为自己的心软而设限，把关注点放在长期的伴侣关系上，而不是仅仅关注伴侣当下的感受，同时限制伴侣开销的自由度，提高伴侣对财务的敏锐度。所以，向伴侣开诚布公地说明财务状况是必要的，让伴侣参与进来，两个人共同找出解决的方法，从无限制的消费到有节制的消费，伴侣要在这个过程中找回自制力，为自己的欲望清单排序。

或许你觉得与伴侣开诚布公地谈论此事，会让对方瞧不起自己。喜欢他的有钱人多的是，自己还拿什么留住他？当你以这种想法认定你们之间的关系，显然，你没有看清你在关系中的价值，只用金钱来换一个人的身体，体验不到真正的心灵交流。

此时，你要为自己的忧虑设限，让自己真诚地面对关系的问题，才是最睿智的做法。否则，最终将人财两失。

我想你能看出来，伴侣关系与内心对自我价值的认可有关。当你越真实地面对问题，关系就有机会变得更加亲密，也更加平衡。

3. 施以精神或肢体暴力型的伴侣

前两种情况都是伴侣过度依赖自己，还有一种类型的伴侣，他们喜欢控制对方。控制欲的初期表现是掌握你的各种信息，甚至安排你的生活，例如，经常窥视你的信息，通过夺命连环CALL来查岗。当你没有对这种情况设限，任其持续发展下去，就容易在你不遵守他的“规定”时，发生言语上的攻击，甚至肢体暴力，表现出你是他的附属品。实际上是他害怕失去对方，所以必须掌控一切。

伴侣缺乏安全感，不断查岗与偷窥，就会侵犯个人界限。虽然很多人认为，伴侣之间不该有所隐瞒，但是伴侣之间的坦诚，并非毫无底线地查阅或窥探，以及掌握对方每一刻的行踪，因为失去自由的亲密关系会让人窒息。

当伴侣向你抗议：“你不让我看就是心里有鬼！”，你该与对方讨论的是，你怎么做才会让他在关系里感觉安全，而这份安全感并非满足他窥探、控制的欲望。

在这里，设限的方式是：“我很在乎你，也明白你很想知道我的一切，但这样查岗跟窥探让我觉得不舒服。我觉得自己不被尊重，也不被你信任。我希望你可以尊重我的隐私。我应该怎样做才会让你增加对我的信任，让你有安全感呢？”

重点不是“看或不看”，而是彼此的信任、尊重和自由。当自由不被允许，也没有适时设限，双方的关系会越发扭曲，爱情变成了占有，爱人变成了恐怖情人，控制狂在食髓知味后一旦被拒绝或不被顺从，就会越来越失控。

倘若关系里出现暴力，就一定要设限，任何理由都不是借口。我遇到很多遭到伴侣暴力的人，她们最常说的话就是：“他只是情绪失控而已，平时对我很好。”或是“也不能怪他，是我不准时，他才会暴怒，拿东西砸我。”

当关系中存在暴力，就会损害你在关系中的付出，危及你的身心安全，你总是担心他下一次什么时候发作，担心因说错话或做错事而遭受某种惩罚。当亲密关系中有了这样的顾虑，就无法进行真实的情感交流。

曾经有个案例，女生因为男生没有准时给她打电话，一气之下便拍摄了自残的视频，并要求男生拍同样的视频，还威胁男生如果不照做，他的家人就会有生命危险。男生非常害怕，无奈只能接受威胁，事后女生却后悔不迭。这类事件在暴力型的伴侣关系中层出不穷，先是威胁恐吓，对方受到伤害后，又后悔求饶，重归于好，不久，当对方身心上的伤害渐渐淡去，施暴一方愧疚感降低后，就会进入下一次的暴力实施当中，形成恶性循环。

这种身体伤害的暴力，与人身安全的威胁，大家都很有意识，但精神暴力却容易被忽略。有些伴侣因害怕对方离自己而去，便会强烈贬损伴侣的价值，让伴侣只能留在自己身边。他通常会说：“你也不想想你现在这种身材，也只有我会跟你在一起了！”或者“像你这种资质，除了我也不会有人要你！”以言语进行人身攻击，伤害另一半的尊严与价值。

对于这类言语上的暴力，是绝对要设限的。你必须停止为对方找借口，也停止责难自己，直视暴力对关系的伤害。你要知道，在暴力关系中比较特别的是，你需要确保有人能够保护你，陪同你与对方谈判。通常，在暴力关系中越久，个人独立判断力越低，自我价值也少得可怜，很容易因为对方的一句话就动摇，所以特别需要有个稳定又安全的陪伴者一同进行设限，也确保设限后有个安全的居所能暂时栖身。

此外，千万不要用自己的力量去承受和安抚对方的情绪，施暴的伴侣通常需要专业的帮助。他们在情绪管控上已经出现障碍，因此最适合的设限语言就是：“我很在乎你，但我不能接受你这样对待我，也无法过总是害怕你会失控的日子。让我们一起去寻求帮助好吗？你再这样对待我，我担心我会走不下去。”

对方当然会抗拒、会拒绝，你则需要在这时候说：“如果你不觉得自己有问题，那么我无法待在让我害怕又受伤的关系里。你若不接受帮助，那我会选择离开，不再跟你一起生活。等到你情绪好转了，我们再谈。”

当你遇到这种会用各种方式控制和虐待你的伴侣，请千万要小心。你习惯对他人的情绪负责，也就是看到别人不开心会习惯性地去讨好他，可能是你对你的生活无法负责，习惯由别人操控你，赋予伴侣管控你的责任和权力，让自己处在弱势与被管控的地位。

有时候你会很为难，必须在自己的身心安全，甚至是在生命安全与亲密关系之间痛苦地抉择。但我还是需要再次强调，一定要对暴力设限，不要自己默默承受或顺从暴力行为。若不对暴力设限，等同接纳暴力行为，而且关系中的痛苦与残暴只会变本加厉，不会减少。

4. 大男人或大女人型的伴侣

这种类型的伴侣往往在亲密关系的初始阶段很有魅力。他们充满主见，富有主导性，尤其是男性，会对女人散发出极大的吸引力，让人想要听从他的话。但相处久了，你会发现这份魅力的背后已经出现尊卑有别的不对等情况。

在关系中地位较高的人，通常会习惯干涉对方的决定，要求对方顺从听话。例如，要出门时，先生说了句：“我不喜欢你穿这件衣服，换掉它！”太太因为不想触怒对方，于是就去换了。

这里的设限是，如何让自己保有在关系中的自在与自主性。你可以这样说：“我知道你很在乎我的打扮，但这件洋装我很喜欢，我穿着它很自在，希望你能尊重我的决定。”在两个人相处的过程中，有时候需要请对方学习尊重与欣赏，但并非每个人都了解这一点。

我成长自父亲权力较大的家庭环境，父亲是典型的大男人，一家之主，是家中的发号施令者，母亲则是以和为贵的传统小女人。典型的大男人会认为，男主外女主内，女人就应该打理家中的一切，所以我从小就看到母亲担负着许多家务事。

那时，有一件事情令我印象深刻。某天，父亲情绪很不好，看见有一条毛巾掉在全家人都会使用的那间公共浴室里，掉了好几天，却一直没有人去把它捡起来。平常都是妈妈做这类事，孩子们也不觉得那是他们的事。偏偏那阵子父母的关系比较紧张，父亲便对母亲咆哮道：“为什么那条毛巾掉在那里那么多天了，你都不捡起来？”

看到了吗？控制、主导、尊卑与不对等在关系里展露无遗。我完全不知道，为什么这件小事让父亲这么愤怒。我当时心想：“惨了！其实我也看到了，但没有把它捡起来，结果妈妈被爸爸骂……”

那阵子，外婆也住在我家。也许是因为岳母在家，使得父亲压力很大。母亲当下回了他一句话：“那么多天，你也看到了啊！为什么你不把它捡起来？”

我从没见过母亲直接跟父亲发生冲突，她一直都是温顺的，顶多唠叨抱怨几句，从没这么火爆过。这次冲突令父母长期和谐表象下的不和谐剧烈地爆发出来。

当然，父亲的反应也充满了不解与抓狂。当大男人被小女人顶嘴，原本的依顺与和谐不复存在，关系充满了张力与失控，便会使大男人类型的人更加暴怒，更想要向对方施压，进而控制对方。

长期的关系不对等，必定有一方是既得利益者，一方是受控压抑者。但是这种形式的伴侣关系通常又很协调，所以起初要设限往往困难重重。

简单来说，关系中的大男人与大女人是被宠出来的。你允许他一次次发号施令，一次次指责你没承担好家务，虽然那是全家人的义务。

夫妻关系难以设限的原因在于，双方都有非常僵化固执的家庭角色观念——性别决定角色，认为我就该听话，他就该下命令，导致彼此很难变通或调整。但是，在关系中有一方不断感觉委屈难受，这是关系需要设限的原因。

所以，当你要对大男人或大女人设限时，就像我刚才提到的我父母相处的事件一样，你需要明确地了解，很多事情并不是某一方说了算，而是双方拥有平等的权利和义务去决定、执行。

当另一半经常支使你做家务时，你需要为此设限，你可以这样说："这是我们共同的家，我们双方都有责任。你只要求我做事，自己却没有分担任何责任，我觉得很受伤。我希望我们可以讨论如何分配家务。"

将眼光回到平等的权利和义务上，而不是对方的情绪上，才会经营出平衡与平等的关系。

上述四种类型的伴侣所具有的特征，与他们的自身状态、习惯、思考方式脱不了关系。在情感上，我们都有许多疑惑，甚至承袭了原生家庭的性别角色或尊卑状态。但无论如何，我们已经长大，在亲密关系里需要重新审视自己与关系的状态，不让失衡的情感继续下去，甚至延续到下一代身上。

以下三个情感中的共同点和技巧，教给大家：

1. 做好准备，盘点自己的人际关系

设限之前，以下三点可以帮助自己做好准备——

A. 盘点人际关系

关系的形态有很多种，跟自己的关系、跟伴侣的关系、跟朋友同事的关系、跟家庭的关系等。但有些人只拥有其中一种关系，而且没有跟自己的关系。当你只有伴侣的关系时，就习惯通过伴侣获得爱、关怀与认可，将全部时间和精力投入其中——伴侣对你好就是世界和平，对你不好就是世界末日，假如伴侣离开你，就仿佛太阳系毁灭了。这种关系形态，是无法设立界限的。

我要提醒大家，“以另一半为天”是很多人在关系中的姿态，但所有关系的好坏都脱离不了你跟自己的关系，这就是为什么我们要将眼光重新回到自己身上，检视你跟自己的关系好不好的原因。

你可以问问自己：“向伴侣提出需求后，我能否心安理得？”有时候当你想设限，说：“我希望你不要再这样对我说话，我很受伤。”如果你讲出这句话却感到非常羞愧，请问问自己，为什么为自己着想是不对的呢?

B. 强化自我关系

设立界限之前，你会有一连串的问题询问自己：我到底需要什么？我到底期待什么样的关系？我在关系中有什么感受？我能不能让自己在关系中享受？能不能拥有快乐的关系？问问自己，你是一直在对自己说不呢？还是一直嘲笑自己？

很多人有强烈的负面心理，认为“我不行的”“我能力不够”或“我没有资格”。结果真正让自己不幸福的，正是自己的想法和相应的做法。因此，设限最大的障碍，往往是与自己的关系不够稳固。当你可以对自己说“我有可能”“我有能力”“我有资格”，与自己拥有快乐平衡的关系，就会积极地行动起来，而不是哀怨地待在原地，等待对方的改变。

C. 联结外在资源

当你准备好想要有所改变，为亲密关系设立界限，就需要其他关系的支持。

设立界限是很艰难的，因为它在表达你的感受和需求。比如，你想说“你这么做我很受伤，让我觉得自己没有被尊重”，其实，在亲密关系里，要将“我很受伤”这句话讲出口非常难，因为那是在表达你的脆弱。人在脆弱时会感到害怕，担心对方从此拿这个理由攻击你，所以很多人宁愿装作没事也不反驳。但他是你想要相处一辈子的人，你不可能一直压抑自己的情感，所以，你可以帮自己承认脆弱感，并寻求支持。

你可以请好友帮你操盘演练，让他们给你支持；可以请求家人给你支持，而不是告诉你“一家人，忍一忍就过去了。”当你感受到身旁的爱和支持，就能强化行动，坚定信念，让你在设限时更有力量。

准备好这三件事后，接下来就从身边的关系着手，开始设限。只要我们的人际关系是密切与坚固的，就能拥有强大的后盾，让自己过更好的生活。

2. 以关系为前提，找回对关系的尊重与共识

之所以要设限，是因为我们自身的局限性——时间有限、情绪有限、精力有限。否则，它们会拖垮你，也拖垮你与他人的关系。

前文提到的“提款机”例子，由于金钱物质是有形的，设限就相对简单清晰，你只要告诉另一半说：“我真的很爱你，也非常愿意在我的能力范围之内，尽可能地满足你的愿望。但我们现在遇到了财务危机，我需要你的帮助，也需要我们两个人共同面对这个困境。”

关系里的困境不该由当中的一个人独自面对，否则等到他一人无法再承受，最终抛弃另一半，才是最糟糕的结果。这就是所谓的“以关系为前提”。

如果大男人型的丈夫使唤妻子：“五点前帮我还车，知道吗？你赶快去，不要害我被罚款！”

“以关系为前提”的回答应该是：“老公，我很爱你，

可是我希望你不要再用这样的语气对我说话，这会让我觉得不被尊重。我希望你下次能提早告诉我，并且事先询问我是否有空。让我们彼此都能感觉到被尊重，好吗？”

这个回答中，先设限，接着说明需求，最后达成共识。我们常常忘记最终要达成关系中的共识。那句“并且询问我是否有空”就是关系双方最后要达成的共识。如果只是无意义地争吵，“你为什么要这样对我说话？你不尊重我！”或者只是想在吵架中争一口气，并不能使关系融洽。

这里要为大家划重点了，以关系为前提的表达方式，句型并不是“我希望你怎样怎样……”，而是“我希望你怎么帮助我们的关系”，强调“我们的关系”，并且一起为关系找到可以达成共识的长久的相处方式。

3. 设立界限，是限制自己，而非限制他人

前文“大宝宝”的例子，假设他现在还是乱扔衣服，你就要跟他说：“我希望你可以为了我们共同的居住质量，收好你的衣服。如果你觉得这样做有困难，那么我们可以把各自的东西分开来，你的物品放在你个人的空间，我不会去干涉，但是公共空间需要我们共同维护。如果你哪天犯规，我哪天就不做饭。”

我们需要找到对方的痛点，或是饮食，或是生活作息。

当我们设限后，就必须说到做到，坚决执行。

“如果你没有做这件事，我就不做饭。”这样设限，有着大宝宝心态的另一半一定会继续试图突破你的底线，逼迫你放弃，或者会反过来指责你不负责任。因此，你必须贯彻到底，当他再次乱扔东西，你不要去捡，就让它乱着。或许你会觉得，这完全是在挑战你的极限。那要怎么办呢？请思考一下，除此之外，还有什么办法让自己舒服些？是不是真的离开几天，让他知道你不在有多么可怕？

我们必须通过坚持与执行，来增加我们的话语权以及在关系中的分量。我们限制自己待在这段关系中，也限制自己像往常一样对关系付出，对方才有可能真正学会为这段关系着想，并为之付出。

当然，坚持的同时，我们也要懂得知足。我们往往是在忍无可忍时设立界限，此时要注意自己的态度，比如，当对方已经不再乱扔衣服，而是稍加整理放在一边，你却责怪道：“衣服为什么不叠好，不是跟你讲过很多次了吗？”他叠了衣服，你却又开始挑剔其他细节……这时，我们要提醒自己懂得知足，认可他做出的改变，这是非常非常重要的。所以，最好不要在自己怨念太深时才开始设立界限，否则，他好不容易做了一件事，却被你的指责打回原形。

设限是限制我们在关系中的付出与投入，并不是控制和逼迫对方改变。当我们的观念和方向发生错误，便无法获取我们真正想要的结果。

剪不断，理还乱的三角关系怎么解套

在平面中，三角形是最稳定的结构，但在人际关系里却并非如此，两个人的关系中一旦有了第三个人加入，就会变得很微妙。譬如，两个闺密在一起会很亲昵，可三人同行，便会考虑尽量不要两个人单独在一起，以免冷落另外一个人，这个现象很有意思。

很多夫妻原本感情很好，一旦有了孩子，就不得不重新调整相处模式。孩子就是夫妻关系中的第三者，但孩子说到底是两个人爱情的结晶，并不会对两人的关系造成威胁。还有一些第三者会对夫妻关系或情侣关系造成很严重的威胁，而这些第三者，未必是所谓的“小三”。

婚姻中最常见也最让人头疼的，就是婆媳问题，其实这也是一种“第三者现象”。

前阵子我跟一位婚介人士聊天，他告诉我，在中国人的婚姻介绍中，不能忽略“家庭契合”这一选项。他们往往会在进行婚姻介绍前，就让女生事先评估“能否忍受男方的母亲”，因为与其一辈子烦恼婆媳问题，不如在初期就搞清楚。

我说：“这样太容易造成女人的战争了，从心理界限的角度来讲，就是男方与母亲的情绪界限要清楚，并且能够保护自己的夫妻关系，而不是一直处在先生、太太、婆婆的恐怖三角关系中。”

在婆媳问题上，一共有三种现象：

1. 消失的父亲与孤单的母亲。
2. 媳妇入侵母子共生结构。
3. 儿子缺乏独立性。

现在，就让我们一起来看看这三个现象的具体呈现。

1. 消失的父亲与孤单的母亲

婚姻生活中的孤单，让很多母亲成为过度挑剔、要求完美的人，这是因为她们只有“母亲”这个角色可以掌控，同时也希望通过扮演好母亲的角色，来融入姻亲家庭，或取得丈夫的爱与关注。

有时，母亲的孤单是地理上的孤单，丈夫远在他乡工作，实在情非得已。但更多时候是心理上的孤单，也就是丈夫没有参与家务，母亲也不认为丈夫需要参与。或者，在传统文化影响下，认为照顾孩子是母亲的责任，把父亲逐渐边缘化。

还有一种孤单是，意见分歧的两方无法在教养方面达成共识，一个喜欢让孩子自由发展，另一个希望对孩子严加管束，导致孩子成为父母战争的牺牲品。母亲看见父亲跟孩子起冲突时，冷眼旁观或煽风点火；父亲看见母亲跟孩子起冲突，却在旁斥责母亲："不是早跟你说过了？！"

教育方面的失衡，呈现出夫妻各自的状态，一方是孤单的母亲，另一方是被孤立的父亲。夫妻在情感上本已不和睦，再加上婆媳矛盾，母亲在家中越发孤立无援，只能将更多的情感投注到孩子身上。

孩子除了成为父母战争的牺牲品，还要在婆媳战争里当母亲的战友，时时救援母亲，造成孩子同时扮演多个角色——父母角力的战利品、婆媳战争中母亲的外援、父母婚姻中的"第三者"等。

母亲过度的感情投入，令孩子无处可逃，他们承受着母亲的怨怼、悲伤，逐渐让父亲失去支持母亲情绪的功能，他们成为母亲的情绪配偶。

可想而知，当孩子长大后，脑子里装着许多母亲的思想和情感，对母亲特别容易缺乏界限。而母亲也不会允许孩子与自己有界限存在，这意味着她无法再控制孩子或与孩子的关系。

每个孩子都渴望保护父母，年幼时，孩子多依赖母亲，当他感知到母亲身上的痛苦与孤单，就会奋力保护母亲，为了母亲不惜跟家庭战斗、与父亲争执，或者下意识地为了母亲的感受而疏离母亲敌对的人。但他的所作所为，恰恰是失去界限的行为。母亲的拉拢，让孩子入侵父母的领地，将孩子视为拯救者来协调夫妻关系，令夫妻双方难以拥有真正的亲密。一旦孩子将角色继续延展下去，就成为母亲心中的孝子，或成为母亲放在手心里呵护的“妈宝男”，被母亲所掌控，甚至将母亲的婆媳问题带到自己的小家庭里。

2. 媳妇入侵母婴共生关系

对于这个标题，读者可能会感到困惑。它的意思是，在心理现象上，媳妇俨然成了丈夫与婆婆母子之间的第三者，她破坏了丈夫原生家庭的亲子系统的结构，所以很容易被婆婆视为眼中钉，不论媳妇怎样做都无法让婆婆满意。

古人有言：“多年媳妇熬成婆”。孤单的媳妇，无法融入丈夫与婆婆紧密的亲子关系里，在孤单之余只能抓住儿子，好不容易儿子长大了，娶了一个自己认可的媳妇，接着将过去二三十年的委屈，一股脑儿地投射到媳妇身上。或者，惊觉到有个女人要来抢走自己的“小老公”——是的，很多婆婆觉得儿子是“代理老公”，更加不可自拔地欺负这个入侵者（媳妇）。

很多事情往往是婆婆下意识做出的，即便她知道，儿媳是儿子的妻子，他们拥有（或即将拥有）自己的孩子，但因为“熬成婆”而提升的心理地位，使得婆婆对儿媳挑三拣四，甚至要求她完全按照自己的意志行事，就像儿子那样总是依顺自己。

因此，当媳妇困惑为什么婆婆总是看自己不顺眼，在自我怀疑之前，请先看清楚他们的家庭关系是怎样的，是否有个缺席，或者心理缺席的公公，看似强势的婆婆，是否心底有着无尽的哀怨与孤单。

让我们回到关系界限上，与其在未来创造一个属于你的母子共生系统，不如把重点放在你与丈夫的关系上，设立夫妻关系的界限，巩固与丈夫的相处，彼此达成共识。观察丈夫与婆婆的相处模式，对于失去界限的关系，最主要的做法便是使其分化，也就是分开你我个体，辨识你我需求，而不是将他们归为一类。

比如说，媳妇跟丈夫的关系处不好，常常会抱怨："你跟你妈一样……"不断把丈夫跟婆婆划分到同一个无法分割的类别中，强化他们母子的一致性与黏着度。

当媳妇感觉孤单，愤怒地将丈夫推向婆婆时，除了会降低自己在丈夫心中的分量和地位，还会让自己的形象在家中被丑化，甚至被孤立。原因在于，孝子往往会神化或美化母亲，习惯扮演母亲的拯救者。

媳妇默默隐忍，甚至要求自己当一个完美媳妇，只会将自己沦为女佣，在家中被奴役，且孤立无援。

所以，设立界限要着眼于夫妻关系，搞明白婆媳关系是如何影响夫妻关系的，你需要获得什么样的资源，如果你缺乏这些资源，会对自己在夫妻关系的付出上有何影响，以此来邀请丈夫共同为关系努力。

在设立关系界限的过程中，丈夫的认知需要得到理解和提升，他的认知是家族中代代相传的婆媳问题的产物，也是根治婆媳问题的良药。

3. 儿子没有长出独立性

孩子从小就依顺母亲，或者自有意识以来就知道母亲对自己好，在情绪上经常会与母亲纠结在一起，觉得"母亲总是为了我，不能让母亲不开心。"在过去，这样的儿子会被称为孝子，但现在则被称为长不大的妈宝。他们受制于母亲的感受和意志，难以成为“自己”。

有趣的是，妈宝要是男人，相对容易娶到太太，因为在我们的文化里，男人跟父母住，把心思放在父母身上是理所当然的。可妈宝要是女人，就很难嫁出去，因为这不符合传统文化里的媳妇形象。在我们的文化中，往往期待女人出嫁后将重心放在婆家，导致许多与原生家庭存在情绪纠结的女人无法出嫁，甚至没有心力寻找另一半。

并不是受过高等教育的人就会成熟、独立，我们从小养成的逻辑和思维，一遇到情绪纠结照样停摆。所谓独立，包括情绪独立和经济独立。妈宝们可以做到经济独立，却做不到情绪独立——独立于父母的情绪感受之外，并且不需要再为家人的情绪负责。

举个简单的例子：周末时小两口想要独处，母亲一通电话，儿子就要回家。身为人子能否拒绝母亲？还是觉得不回去就是背叛母亲？母亲会因此而难过、孤单，一想到这些就觉得自己很冷血？这就是“情绪纠结”。

在纠结中恐惧做自己真正渴望做的事，不仅无法成为“自己”，更无法胜任丈夫的角色，认为自己只要做好儿子即可。

但实际上，我们必须要意识到自己的独立性，必须不断思考辨别，跳脱出原本以母亲为主的思考方式，提醒并正视自己的感受，才有机会终结婆媳问题。

男人如何调整自己，设立界限，可以从以下几个方面展开：

1. 调整对待父母的理念，学会独立并和母亲做心理上的分离

真正回报父母的爱，是将父母的爱与滋养传承下去，而不是以牺牲自己的家庭为代价，照顾他们的感受，否则家庭的不幸会一直延续下去。双方之间不停干涉彼此生活，阻碍彼此亲近，那么家也不是家了。

请丈夫开始为自己与母亲设立界限，保护你的情绪、你的自由。例如，母亲因为孤单而经常说自己身体不适，但当你带她去看病时，医生却说没事。你觉得生活被牵制，来回奔走令你很疲惫，此时，你要为自己的感受设立界限，与母亲来场真心对谈：

“妈，我知道你很不舒服，你想让我陪你去看医生。但我真的忙不过来，我还有家庭跟工作要兼顾。下次，可以找钟点工来帮忙。等我时间比较宽裕，就会过去看你。”

在母子对话中，重要的是能够传达对母亲的理解，虽然中国人一向不习惯直接表露情绪，那么就从你常常遇到的陪伴需求着手，同时将自己的情绪和需求表达出来。接着，找到自己的极限，如果一个月一到两次的陪伴，是你可以接受的，那么就在对话中说出这个次数。

当你越来越懂得如何设立界限，表达自己的需求，就可以进一步与母亲沟通："妈，我能够体会你现在很孤单、寂寞，很希望我们多花些时间陪你。我们也很努力了，但有时真的无能为力，你的这些感觉或需求，要不跟爸爸聊聊？"

想要真正帮助母亲，一方面是帮助母亲成长，另一方面是获得父亲的支持。你要清楚，当你将父亲的角色扮演得太好时，你已经取代了父亲，既让母亲永远得不到她真正渴望的快乐，也将自己无止境地困在了母亲身边，成为两个情感上相互依赖，却又各自孤单的个体。

2. 承担起丈夫的责任，学会保护自己的家庭

进入婚姻后，男人需要承担起丈夫的责任。家庭治疗中有句名言：给孩子最好的礼物是"父亲好好爱母亲"。缺席的父亲是多数家庭失和的根源，保护家庭界限的方式，就是正视家庭的需求，包括团聚时间、情绪支持等。例如，丈夫看到妻子被母亲刁难时，要保护妻子，而不是置身事外。首先关心母亲的情绪，将母亲拉开，态度和缓地问："妈，她哪里让您不开心了？"

妈妈可能会长篇大论地抱怨，但丈夫可以说："我知道您不开心，但她是我的妻子，您生她的气，她不开心，我也不会开心。以后您有什么不满直接跟我说就好。"把母亲的情绪接过去，不让妻子独自面对。

多数母亲的刁难，无非想让儿媳照着她的意思做，因此要通过划分物理界限的方式来设立心理界限。比如，在父母家时，不妨按母亲的那套做；在自己家时，请母亲不要干涉，因为妻子才是女主人。

因此，丈夫们，你需要认清自己的角色，避免当郁闷的孝子、咆哮的先生、缺席的爸爸。你不再是母亲的延伸，你是独立的个体，也是另一个家庭重要的支柱；你不再是母亲的守护者，这向来是父亲的工作，你是另一个家庭的保护者。唯有界限设立清楚，责任分工明确，才能让你同时保护两个家庭，不会在情绪混乱与界限模糊中，失去你爱的人。

3. 处理好父子关系

我们对父母有着与生俱来的忠诚，当我们依赖母亲，或被母亲依赖时，靠近父亲或者听父亲的话，就会因忠诚被撕裂而倍感痛苦、矛盾，不孝的罪恶感充斥着心灵，令自己无所适从。

既然在家庭中夫妻关系很重要，丈夫也需要修复自己与父亲之间的关系，来强化父母的夫妻关系。当你带着母亲的愤怒与不满去看父亲，就看不见父亲在家庭中的努力和无奈，只有放开对父亲的这种感情，你才有力量去鼓励和支持父亲真正担当起丈夫的角色，接纳母亲的情绪，满足她的情感需求。

因此，一开始丈夫就要时时刻刻提醒自己，正视对父亲的感受，你可以对自己说："我是妈妈的儿子，也是爸爸的儿子。"如果与母亲的感情联结太深，则会拒绝当父亲的儿子，并与他为敌。当你逐渐与母亲的情绪分离，才能够用中立的眼光看待父亲与他的种种作为，而不是像母亲一样用怨怼的眼光看他。

退出情绪干扰是很重要的功课，当你愿意用中立的眼光看待父亲，才能看到他的辛苦和对家庭的付出，才能相信父亲有能力、有可能当好一个丈夫。

接着，丈夫可以跟妻子共同商讨，如何增加父母独处的机会。关于这部分后文列举出了一些范例。

丈夫可以制止战局，为两边划清界限。首先需要在思想上独立，成为家庭里的主人，将自己的思想、情绪和需求与母亲的区别、隔离出来，深刻认识到自身角色的多重性，并重新划分比重，这样做，家庭才不会沦为婆媳之战的牺牲品。

我希望从界限和家庭系统的角度，让读者更清楚所谓的“家家有本难念的经”，家庭中往往充满纠结难缠的情绪，还有混淆的责任归属。愿大家都能从三角关系中解套，拥有成熟与平衡的家庭关系。

两大方面着手解决婆媳问题

婆媳问题是家庭的次系统界限出了问题。婆媳问题不解决，会影响夫妻系统，所有在家庭中的次系统也会跟着出状况。首当其冲的就是孩子，他们会通过一连串的问题行为，彰显夫妻间的冲突和张力。所以，上一代的夫妻问题，导致现在的婆媳问题，并且制造下一代的婆媳问题。

家庭各个次系统是需要被保护与设立界限的，真正要摆脱婆媳问题，可以从以下两大方面着手：

1. 强化公公婆婆的夫妻系统

一旦婆婆的情感需求被满足，伸手向下一代寻求、索取的概率就会降低。

我经常听到这样的例子，婆婆生病后，公公开始操持家务，悉心照料婆婆，这让婆婆很感动，对下一代的要求就少了许多。“管事的婆婆”与“没事的公公”，会让家庭充满压力，所有人被婆婆追着跑。当儿媳看见公婆这样的相处模式，可以采取以下三种措施：

① 让公公做事：提高公公在家庭中的重要性，增强公公联结强势婆婆的意愿。我们要做的是，原本一直找婆婆商量的事，转去与公公讨论。若公公想逃避，或想将责任推到婆婆身上，可以对公公说："爸，你的想法也很重要，我们想听听你的意见。"

男人很容易在家庭里"消失"，特别是在退休失去经济影响力后，更容易失去声音。因此，子女的重视有助于提升父亲在家庭中的重要性。

② 让婆婆卸任：当母亲久了，就会觉得很多事非自己不可，从而精神紧绷，过度干涉家人。儿媳在感觉被干涉时，请别立即调整成战斗模式，要反过来关心婆婆，理解她的辛劳，为其安排缓解压力或瑜伽等课程，理解婆婆对家人的付出，也请她放心家人，孩子们都会好好的。

能干的母亲，容易有令人操心的孩子。让能干的母亲卸下母亲的责任，好好享受，又不觉得自己被完全取代，成为一个"无能"的母亲，需要儿媳谨慎拿捏分寸。

请记得，婆婆很容易发现自己被家庭排除在外。当意见相左时，你的响应可以是："妈，谢谢您的想法跟帮忙，您真的很用心。我跟老公讨论了，还是决定要用另一种方法。

如果以后有其他问题，我们还是想听听您的意见。”

让婆婆卸任的方式，应该是安身又安心，让她感觉在家庭中她依旧是有分量又有用的人。

③ 让公婆换个环境，习惯心情独处：在原本的环境里，老两口总会身负父母角色，因此要多为公婆安排出游，或为他们报老年大学的课程、老年人的活动，经营出共同的兴趣，营造当年热恋的氛围，把目光放到对方身上。没有儿孙在旁干扰，他们就能慢慢找到彼此更深层的联结。

当我们通过这三种方式强化公婆的关系后，就可以回归到自己的夫妻关系上。接下来，就谈谈我们提及的第二个次系统方面。

2. 巩固夫妻之间的次系统

着眼于夫妻界限时，首先要知道健康的夫妻关系，必须具备以下两种功能：

① 合作解决问题：许多婚姻关系的疏离，是因为彼此不能合作解决问题，双方各持己见，又不愿意在不同步的想法中找到共识，或做出让步，于是就会向外寻找解决问题的方式，引入第三方，导致夫妻次系统的界限被破坏。

当丈夫花过多时间或心思在婆婆身上时，妻子可以告诉丈夫：“我知道妈妈对你来说很重要，但我们这个家也需要你，你对我跟孩子都很重要，我们是不是可以一起想想，怎么安排家庭时间呢？”

正视夫妻问题，就是在设立夫妻界限。在每一次丈夫重视外务或不自觉逃避家庭问题时，要适时引导他参与家庭事务，而不是气馁地将他排除在外。

要记得提醒自己，女人过于执着地扮演照顾者的角色，会导致父亲的缺席。当妻子放大母亲的角色，便会挤压夫妻相处的时间，同时质疑丈夫照顾家庭的能力，总是数落丈夫，导致丈夫更加回避家庭事务。丈夫的存在不是家里的ATM，请邀请丈夫共同来照管孩子与家庭生活。

② 情感支持与亲密：妻子应该理解丈夫在原生家庭的位置，给予更多支持与理解，时时联结丈夫，不断让夫妻之间进行真心的交谈，了解彼此在关系中的担忧和需求。有心灵层面的交流，就有足够的韧性面对关系之外的难题。

例如，当妻子面对婆婆催促自己尽快生孩子，想要向丈夫求助时，可以告诉丈夫：“我知道你很在乎妈妈，但我觉得有点无力，好像没怀孕都是我的问题。我希望你理解我现在还没准备好当母亲，出来帮我挡一下，让我知道你是我的后盾。”

接着，妻子要说出后果：“如果妈妈继续这样逼下去，我不知道自己还有没有力量面对她。每次我们亲密时，都让我觉得是在例行公事，感觉很痛苦。你觉得，我们怎么才能说动妈妈呢？”

适时地在关系里展现真实又脆弱的感受，包括无力、挫折等情绪，除了增加情感的透明度，也强化彼此之间的联结。彼此分享感受，能够增加亲密度。

当理解了面对婆媳问题应该采取的态度，接下来要懂得界限沟通的三项技巧：理解并认可对方的处境和感受，提出需求，最后共同讨论解决。

亲密关系中的第三者难题

当夫妻间有了无法解决的冲突时，往往会将愤怒、抱怨投放到另一个人身上。在婚姻中，孩子往往成为最安全的第三者，有时他需要当调解员，有时他是桥梁，有时甚至是出气筒。

因此，我们说，情感投放与冲突转移的对象，都可能是关系中的第三者。第三者以多种形式存在，在所有的人际关系中，不可能有纯粹的二人世界，第三者、第三方的事物都可能介入。

其实第三者总是无处不在，但令人痛苦的第三者现象，痛点并不是第三者的存在，而是伴侣感觉被排除在外，所以厌恶或无法容忍第三者的存在。但还有一种情形是，伴侣宁愿第三者存在，这样就不需要面对伴侣的需求或埋怨。

如何通过设立界限，化解亲密关系中的第三者难题呢？第三者存在是必然的，但如何让第三者用适当的方式存在于关系中，且不破坏关系，就要看关系中的两人如何为关系设立界限了。

我们分成两个部分来说明——“非外遇类型的第三者”与“外遇类型的第三者”。孩子、伴侣的家人、朋友群、工作以及习惯，例如性瘾、赌博、酗酒、吸毒等让伴侣专注痴迷成瘾的，都会成为关系中的第三者。

伴侣关系的界限，如同个人的心理界限，需要有弹性。也就是说，你们并非封闭僵化的二人世界，他人可以参与你们的互动。若伴侣的世界只有两个人，将会孤立于世，也会让周围的人感觉你们被抛弃。当伴侣眼中只有彼此，即使他们有了孩子，可能也会无视孩子的存在。他们的生活若无法为孩子调整到彼此统一且舒适的状态，孩子将会有被抛弃的不安感。

真正会使关系恶化的第三者情况，有以下两种现象：

1. 第三者的影响力大于伴侣

在伴侣关系中，总是掺杂着第三者的意见吗？婆婆的威力、闺密的影响力，如果她们说话的分量比伴侣还重，伴侣便会失去存在感。当伴侣不再是彼此重要决策的参与者，就会觉得自己不被信任，或被抛弃。若是伴侣的友人总是单独邀约伴侣，而伴侣也不愿意分享他们互动的内容，会使自己产生强烈的不安全感，觉得自己被排除在外，进而影响到对伴侣的信任。

比如说换工作这种人生大事，你讨论的对象总是母亲或闺密，伴侣则处于被告知的位置，就容易让伴侣觉得自己在关系中没有影响力，也无法参与你的人生大事，那他存在与否又有何差别？因此，让伴侣感觉安心，就是让伴侣参与你的重大决策，坦诚相待，不将决定权交给第三者。

第三者具有破坏关系平衡的威力，同过度工作、过度饮酒等一样，带给人身心负面的影响，影响你在关系中的付出，干扰你情绪的稳定性，让你把情绪不断发泄到伴侣身上，或是像酗酒、赌博一样，危害伴侣的安全。这些外来威胁，挤压着彼此相处的时间和精力，带给人惶恐与愤怒，影响关系的平衡。

举个例子，酗酒的人通常习惯于压抑感情，寄情于酒精，不仅难以面对挫败，也无法与人正常沟通，无法表达自己的不满与无奈。当另一半喝酒过度，代表着他有许多情绪没有排遣，酒精很容易使他冲动、失控，影响他的认知和思考。伴侣始终在付出心力照顾他，还需要忍受当事人酗酒后的情绪波动及混乱，避免造成激烈冲突，但自己的情绪却没有受到照顾，这种失衡，最终导致二人感情破裂。

在与伴侣正视第三者的问题之前，请先问问自己，你与伴侣之间是否有无法摊开讨论的冲突？伴侣曾经寻求过你的重视和支持，是否被你拒绝了？伴侣想要讨论关系时，是否被你回避了？

第三者的存在，虽然看似破坏了关系，却是伴侣自我保护的一种方式。他们将情感投放到另一个人、事、物上以寻求喘息，避免回到亲密关系中，被伴侣指责，或再度感觉失望，这也是延长关系寿命的一种作法，当他们获得慰藉与支持后，才有能力回到并留在关系里。

因此，保护伴侣界限的方式，并不是迫切消除第三者的存在及影响力，而是要懂得伴侣的需求，并且保护伴侣在自己心中的地位，关注伴侣的感受，不将伴侣排除在外，提高伴侣的影响力与重要性。同时，伴侣双方成为彼此的监督者，提醒彼此的行为、情绪或健康，巩固伴侣关系，就能珍视彼此在关系中付出的心力，爱才能长存。

那么，保护的方式又是什么呢？打个比方，周末邀请父母来家中聚餐，丈夫事先要确认妻子的感受，与妻子讨论是否感觉哪里会有负担，这就是保护伴侣感受的第一步。接着，当父母到来，也能够坐在妻子身边，并且保持眼神接触，不时关注她。最好的情况，就是找到彼此能懂的暗号，在妻子觉得有压力时，能够发出暗号，让丈夫可以及时救援。当妻子在家庭聚会上感到这样的照顾与保护，就有能力保护丈夫的情绪和感受，形成稳固的亲密互动。

关于监督的方式，举个例子：当伴侣经常被工作事务缠身，影响了双方相处质量和相处时间，在工作成为关系的第三者之前，彼此就要商讨出每周最少的相处时间和次数，达成共识，并适时监督彼此的工作量和情绪稳定度。在对方工作超时，适时予以提醒；工作影响情绪时，也能让对方知道。重要的是，这是双方同意监督彼此的方式，而不是抱怨或隐忍，最终通过监督来联系彼此，形成深厚的联结。

接下来的这种第三者，绝对具有破坏性，这就是伴侣关系中最不能接受的外遇现象。

这种第三者的存在，不只是温柔乡的慰藉，更多的是心理上的抚慰。有人在外遇中寻求被重视的尊严感、被理解的归属感，或是被包容呵护的感觉；也有人在外遇中去扳回在亲密关系中的劣势，用外遇来惩罚或羞辱伴侣。可是以上种种都能被对关系更有建设性的行动所取代，比如，与伴侣进行真心交谈，谈双方在关系中的挫折，或者对伴侣预警，提醒伴侣不要再打压或忽视自己，都比用外遇来处理关系上的瓶颈要好。

想要对外遇所带来的伤害进行修复，基本上跟前文的与第三者设立界限的做法类似，了解伴侣的需求，承诺保护与监督彼此等。更重要的是，除双方达成共识之外，只有理解伴侣的痛苦与真心的忏悔，才能真正迈向关系疗愈之路。

要提醒大家的是，外遇者即使马上诚挚地道歉，也不要希望会立刻获得原谅。许多事例显示，外遇者道歉后，受伤的伴侣仍无法释怀，结果外遇者因此强势指责对方，使其陷入更深的痛苦中。外遇者不仅没有保护伴侣，而是再度成为关系里的迫害者，为了保护自己，选择再次投入第三者的怀抱，最后陷入恶性循环。

当外遇发生的那一刻起，伴侣就不再是从前那个信任你的、坚强的人，而是一个充满痛苦的脆弱的人。你要清楚地知道外遇所带给伴侣的伤痛与愤怒，更重要的是要向对方承诺自己会保护关系，守住自己的心。同时别急着要求伴侣复原，理解他们在罪恶感的驱策下，渴望逃避的心理。这样双方才有机会逐渐脱离外遇带来的影响，朝健康平衡的关系前进。

希望这一节的内容可以帮助读者更好地识别婆媳、第三者等问题是如何影响亲密关系的，在面对关系界限被破坏时，要如何回到关系界限去保护彼此，看懂自己的角色，看懂彼此的需求，共同打造牢固的伴侣关系。请永远记得，健康的家庭、快乐的孩子都来自稳定与坚固的夫妻关系，这层关系牢固了，就能撑起一个强大且幸福的家庭，终能幸福美满，而非分崩离析。

谁是你真正的朋友？真兄弟？假闺密？

前一节，我们谈到关系中的第三者问题，以及如何适当保护与监督伴侣，为彼此设界限，避免第三者影响力过大，危及关系。

在这一节，我们将谈到另一个在人际互动中的三角循环现象，帮助你了解揪心又费神的人际互动里，有些人被朋友得寸进尺地剥削，明明深感痛苦但又无能为力。

我们先来看看小米的故事——

小米的好友与小米绝交了，小米心里有很多委屈，也充满怨怼和难过。其实，以前很多次，小米都不想再跟对方往来，但就是说不出口。小米觉得对方很可怜，很多段关系都处不好，跟朋友、家人，甚至在学校跟教授的关系也很差。小米一直劝她、帮她，介绍朋友给她认识，对方都不太领情，甚至经常使唤小米帮忙买东西，还把工作扔给她，一直占用小米的时间。之前在学校时她们住在一起，有时候她会在半夜把小米叫起来，跟小米诉苦，小米差点儿崩溃。

后来，小米要搬出去住，她因此要跟小米决裂。小米只好假装说表妹也来念书，才让这件事了结。小米搞不懂自己为什么要跟她撒谎。但分开后，小米却开始想念起跟对方相处的时光，怀念起那种被需要的感觉。

很多人听到这样的故事，都会为小米能够离开这段友谊拍手叫好，但对小米来说，却完全不是这么回事。这其实是一种关系的模式，对方在关系里有很多需求，你不停地满足他的需求，但反过来看，他同时也满足了你的某些需求，他带给你乐趣，让你感觉刺激，这不是其他关系能够带给你的，因此你在关系里纠结、矛盾，痛苦与开心并存，总是处于无法选择的困境中。

小米的故事，是否让你想起人际相处中的某个人呢？会不会经常觉得费心神地跟某个人相处，最后吃力不讨好？会不会觉得，付出没有回报，身边一堆不知感恩又有吃有拿的朋友？如果是，那你要睁大眼睛，好好观察这些爱占便宜的人究竟有哪些特质，这样才能避免让自己一再陷入相同的困境。

人际吸血鬼的特征

从小米的故事来看这些爱占便宜的人，我称他们为人际吸血鬼。你会发现，他们都拥有阴暗面的同理心，懂得操控他人的罪恶感和责任感，通过你完成他们真正想要完成的事，一旦你不顺他们的心意，他们就操弄你的心，让你觉得自己是坏人，最后不得不出手完成他们要求的事。

那么，该如何辨识人际吸血鬼呢？

以下列出几点人际吸血鬼的特征，帮助你在人际互动初期，就嗅到这些气息，跟他们保持距离，不与其纠缠，不卷入他们的心理游戏。

1. 过度以自我为中心

当一个人所做事情的出发点都是“自己”，他就无法真正考虑他人的心情，只觉得世界应该围着他转。这种人往往在关系初期会让人感觉有魅力，因为其作风强势且十分自信。但他们容易觉得，整个世界都与自己作对，难以忍受被他人拒绝，当事情的发展不如他的预期，就会暴跳如雷。

过度以自我为中心的人，容易触怒别人，也容易被触怒，由于他们不顾虑别人的感受，会随意侵犯别人的界限，人际破裂是家常便饭。例如，看到别人有新玩意，就拿过来把玩，也不管东西是谁的，弄坏了就说东西不耐用。好比《哆啦A梦》里的胖虎，很容易触怒别人，但大家都对他敢怒不敢言。我们都知道，只要大雄不听胖虎的话，胖虎便会非常愤怒。因此，能在这类人身边留下来的，往往都是为他人情绪负责的善良人。

自我中心者的核心信念是：“千错万错，都不是我的错。”而善良人为他人承担起一切罪责时，正是呼应自己内在的核心信念——“千错万错，都是我的错！”于是，他们的核心信念恰好联结彼此的关系，也失去彼此该有的情绪界限。

2. 过度依赖他人

当一个人过度依赖他人，就会害怕被别人抛弃，经常疑神疑鬼，以为对方要离开，在人际互动中处于很黏人的状态。也就是说，他常常需要知道“你在做什么”，或者他需要你关心他，需要你把所有的注意力全放在他身上。

你与其他朋友出去玩，他会觉得自己遭到背叛，认为你抛弃他，甚至非常吃醋。在他的交友观里，他只希望你与他关系紧密，不允许有其他人介入。他只是你的同性友人，你的好友，但你却觉得，你们的关系黏腻到像是爱情的共生模式，令你喘不过气。难道你有了他这个朋友后，就不能有其他朋友了吗？

他通常很会绑架别人的感受，让人无法自由做自己想做的事。比如周末时你开开心心地要去野餐，突然他一通电话打过来：“嘿，哈啰，小花，你这个周末要干什么呀？”然后你告诉他说：“喔！我要跟小学同学去野餐。”

“什么？你要去野餐？你怎么没找我啊？你怎么这样啊？我对你这么好！你为什么要这样对我？”

这时，你就会想：“可是我的这群朋友不是你的朋友……我们从小学到现在都是好朋友，可是你跟我才认识半年……”你心里很纠结，但并不想让他不开心。其实，你又在为他的情绪负责了。所以，你无法开心地和这群好友聚会野餐。这类朋友会造成你心理上很多很多压力。你为了不让他担心、失望或难过，而勉强自己，却模糊了彼此该有的界限。

3. 经常剥削他人

这一类型的人通常缺乏同情心。他们剥削他人的形式则是，剥削他人的时间、剥削他人的金钱或心爱的物品，甚至会不自觉地欺负他人的宠物或心爱的人。这类人通过“剥削”获取他人的关注，制造他人对他的恐惧，让他人屈从他的威胁。

这种剥削者很喜欢抓人的把柄，比方说，他可能不小心知道了你的秘密，经常以此为把柄威胁你。

但他为什么有能力获得他人的秘密呢？这是因为人际吸血鬼在与人交往的初期，会表现出极大的热情，让人觉得他是容易亲近的对象，令你很容易信任他，然后他轻易地把你内心的秘密给套出来。

早前我曾参与过一档电视节目，当天的一位嘉宾是位资深演员，曾经在多年前被朋友背叛、出卖，说他当面一套背后一套，欺骗所有人，这个新闻当时被闹得沸沸扬扬。我们心理专家与这位演员接触后，发现他的人格特质相当单纯，容易信任他人，对人掏心掏肺，甚至见到谁都想帮忙。他身旁充斥着众多剥削他的人，借钱不还、利用他的人脉、占用他的时间……他这才意识到，自己门户大开地吸引“吸血鬼”来到他身边。

那些人就是看准他这点而亲近他，抓住许多他的故事和秘密，肆无忌惮地用这些把柄威胁他、利用他，形成不对等的关系。

当关系不再对等，就难以坚持应有的界限。他们决裂时，对方将这位演员的秘密公之于众，那场风波过了一两年才平息下来。

4. 使用悲伤吸引他人注意

这类人喜欢扮演受害者，博取他人的同情与关注，他们擅长哭诉别人对自己不好，自己过得有多么糟糕，贫病交加，实在可怜等，编织痛苦的剧情吸引关注和关怀，赚取他人眼泪。你一旦对他有所心疼和怜惜，他便立刻对你产生依赖性联结。接着，食髓知味，一步步向你要求更多的援助。

这类人之所以这么悲伤，有时候是因为他们的依赖性，他们无法对自己的人生、财务，甚至情绪负责，不断求助于人，又感觉被他人抛弃，所以对曾经帮助过他的人有强烈的怨怼。因此，跟这样的人相处，一开始你会觉得他是受害者，让你有成为英雄、拯救者的神圣感，加上他一味地赞扬你，然后你便会去做更多的事让他满足，一方面满足自己当英雄的欲望，另一方面也满足你被人需要的感受。

但你无法一天二十四小时在他身侧，你有自己的生活要过，分歧与不满足就这么发生了。一旦他发现你不再顺他的意，不像以往那样照顾他、呵护他，时时关注他，一瞬间你就变成了迫害者。他会到处宣扬，你这个人如何糟糕与可恶，你变成他生命里让他受苦的对象。由于你与他的界限模糊，他生活上的不便与不悦都要你负责，所以很容易就对你生气，而你也很难在这段关系里感到自在。

在日常工作中，我见过很多人际吸血鬼因长期的关系不稳定，加上人际破产而出现心理疾病的情况，导致他们在人际上带给他人，也带给自己更深的痛苦。

我在读研究生时，曾遇过一个让医生头疼的病例。那位女士不停地述说自己罹患忧郁症，有多么痛苦，完全无法工作，需要申请补助，又埋怨村主任没有帮她申请低收入户补助，抱怨学校老师没有多花心思帮忙带孩子，甚至最后对医生发牢骚，说医生知道她有忧郁症，那为什么没有给她多开药，为什么没有多分配时间给她？可是医生已经听她谈了半个小时，她反复说着自己有忧郁症。这不禁令我反思，究竟是她的人际相处方式让她生病，还是因为病情她才会如此？

医生送走那位病人之后，转头看了我一眼，长长地叹了一口气，还不忘温柔地对我笑一笑，之后继续面对下一位病人。也许这种依赖与悲伤的外衣，在没被觉察时，需要使用药物控制不断低落的情绪。但这样继续下去，人生只会更无望，看不见任何可能性。

对于人际吸血鬼，以上简单列出了四种特征。他们在人群中能辨识出让他们可以汲取正能量的和被他完美利用的人。那究竟是什么样的人才会被他们利用呢？通常就是有爱心的好人。这些人不喜欢拒绝他人，希望别人眼中的自己是个完美的供应者、照顾者，但他们身上常常缺乏自我意识，也不觉得自己的需求有多重要，满足他人需求才会满足完美形象的自我要求，把认可与赞赏的能力外包给他人，在帮助他人或被需要的过程中，获得成就感与短暂的开心。他们很多时候都处在无力的状态，所以容易将会吸取他人能量的人汇聚在自己身边。

拯救者与大爱情结作祟

有时候我会戏称，菩萨身边会有小鬼，吸走菩萨身上的营养。我们虽然不是菩萨，却秉承“以和为贵”的美德，与其他人维系良好的情谊，同时非常大爱地对他们奉献。这种大爱之人其实是没有界限的，若你问大爱究竟好还是不好，我会说，这要看个人的修炼。

真正的大爱之人，清楚自己有能力奉献，他们不会感觉自己被掏空，因为他们拥有源源不绝的能量。他们不需要他人的回应、回报，也不需要通过付出与被需要来体现自己的价值，因为他们自己就是价值，他们的存在就是一种美好。

但多数人在没有“自我”时，很容易为他人而活，甚至无法拒绝他人的要求。有时，还会因为别人的淡漠、拒绝、愤怒，反过来怀疑自我——

是不是我付出的还不够？

他想要什么？

我该怎么做，他才会开心？

他会不会因此讨厌我？他不愿意继续跟我来往了吗？

我该怎么办？我是不是该多做一点？

可是我好累啊！是否不管我怎么做，他都不满意？

我们容易陷入的三角循环

这种需要与被需要、给予和索取的关系，很像受害者与拯救者的关系。拯救者当初看见受害者楚楚可怜又脆弱不堪，非常委屈，便跳进去拯救他。有大爱精神的拯救者，通常是完美主义者，渴望自己像天使一样善良又纯洁，眼中容不得一粒沙子，无法容忍别人认为他们不够好、不够善良、不够负责，导致他们不接受一丁点批评，总是把所有事情做到极致，不让人有话说。可偏偏对方还是挑三拣四，使拯救者疲于奔命，直到筋疲力尽。

受害型人际吸血鬼，很喜欢用脆弱吸引他人的注意力，希望得到别人的安慰，吸取他人身上的能量，让拯救者的情绪与身心备感疲乏，可又无法拒绝，因为拯救者一想到拒绝别人就充满罪恶感。迫害型人际吸血鬼则很喜欢通过指责来让人感到自责、羞愧。由于拯救者很爱面子，讨厌别人说他不好，就会拼死拼活地把事情揽下来。如果他们的老板是这种吸血鬼，只要对拯救者说一句：“我对你很失望！”一切都能得逞。

以下要介绍的是一个非常著名的心理咨商工具——卡普曼戏剧三角形（Karpman Drama Triangle），属于咨商学派中的沟通分析理论（Transactional Analysis，简称TA，学派创始人为Eric Berne）。这个模型是说，谁都无法摆脱这个戏剧三角形里的角色：迫害者（Persecutor，简称P）、拯救者（Rescuer，简称R）、受害者（Victim，简称V）。

当在关系中的双方没有察觉到这场心理游戏正在彼此之间上演时，三角形就会越转越快，受害者求不到安慰，成为迫害者，开始痛骂、责备大爱的拯救者。此时，大爱者成为委屈的受害者，他气不过，难忍委屈，便咆哮骂人，成为关系中的迫害者。前者因为被骂，再度回到受害者的位置，大爱者良心不安，又回到拯救者的位置上，安抚受害者。这是人际关系中常出现的三角循环。

缺乏觉知和界限时，我们容易陷入没有意识到对方自身责任时就提供帮助的状态，于是开始了三角循环，情绪随之起起伏伏，形成纠缠不清的关系。

亲爱的，人际吸血鬼会持续出现在我们身边，当你的朋友开始出现以下迹象时，就要注意了，一起来看看吧！

跳出三角循环，去除大爱情结

当我们意识到自己陷入关系的恶性循环中时，就要反思，自己的大爱情结在他人的眼中是什么样的。请回答以下两个问题：

1. 你是否总是容易被脆弱的人吸引，又习惯弱化他人？

2. 你是否事必躬亲，不习惯麻烦他人，因为你不信任他人做事的能力？

常常弱化他人的人，内心通常住着个无用的小孩。他小时候经常处于无助的状态，看着周遭的人受苦受难，自己却帮不上忙，因此长大之后要求自己具备解决各种问题的能力来救苦救难。这样同时也解救了内心里的那个无用的小孩，告诉自己：“我不再是无用的了。”所以，这类人容易被受害者唤醒内心无用的小孩，当双方的情绪产生了互动，他就无法看清界限，成为拯救者。

总是事必躬亲的人，内心则住着被忽略的小孩。他们小时候往往没有得到太多的帮助，只靠自己的力量解决问题，可以说是“靠自己长大的孩子”。因此，当他走过了孤单的，被忽略的成长历程，当有人受难、需要帮助时，他就看到了内心那个渴望帮助，却没人帮助的自己，便冲锋陷阵地去协助对方了。他被调动了情绪，无法看清界限。

说到底，有大爱情结的人要拯救的不是别人，而是内心孤苦伶仃的自己，那个被忽略的无助的小孩。当我们希望不再陷入关系的恶性循环时，要做的是，正视过往的自己，并解救他，这样才不会认为自己有责任解救受难的他人。

卡普曼三角形，最重要的目的是提醒我们“选择”“自由”与“责任”。我们选择了拯救者，那是我们的自由，但同时也选择了为他人承担责任，以拯救他人的方式救赎自己内心的小孩，弥补过往不被在乎的失落感。

我们做出选择后，超初会感到满足与安慰，可一旦受到自己帮助的人最后转身离开，或者变本加厉地勒索、指责我们时，就会回到过往受难小孩的状态，怨恨自己的无用，并再次积累能量，等待再一次通过解救他人来救赎自己。

因此，我们有必要选择正视过往的伤痛，为其负责，也为自己担忧他人的受苦感受负责。正视内心，解救自己，停下解救他人的行动，才能在疗愈自己之后，跳出三角循环，不再因他人的苦难牵动情绪。

能够为自己的感受负责任，就不必一直进到人际吸血鬼的心理游戏中，为他们的情绪负责，也就能够设立界限，感受平衡与健康的关系。

前文我们探讨了对他人的视角，接下来要探讨的，则是对自己的视角。在此，就要探讨“关系的附加价值”。

关系的附加价值

前文提到，真正的大爱不求回报。

关系之所以纠缠不清，又无法划清界限，跟我们在关系中所获得的情感满足有直接关联。以下这两个问题，请你来回答——

1. 你是否有着被需要与被肯定的渴望？是否总是很在意他人的眼光？

2. 你是否需要跟某些人在一起，来让自己感觉有光彩？

在马斯洛（Abraham Maslow）的需求层次理论（Maslow's hierarchy of needs）中，爱与归属需求以及自尊需求，是匮乏性需求，也就是需要通过外界的资源来获得。当你有以上两种情况，表示你内心的这两个层次的需求，没有被好好满足，导致你一直在关系里吸取这些认可，再让人际吸血鬼吸取你的精力和时间，为他所用。

所以，你害怕他人眼中的自己不够好，想要被肯定，便以付出来确保自己在群体或关系中不被排除在外。你在讨好时确切地感受到与人互动的联结感，这带给你安全感，因为失根的恐慌感会使你不在乎界限，你认为，没有根，拥有自己又有什么意义？

当你需要通过关系来彰显自己，表示你觉得自己是不具有独特性和价值感的，不是值得他人尊重的个体。我们常常发现，有很多光环的人，身旁总是容易出现“绿叶”，或愿意任劳任怨、做牛做马的人。因为与光环人物做朋友，能满足他们的自尊需求，所以自己的界限不重要，被他人羡慕比较重要。

想要摆脱人际吸血鬼的控制和痛苦的人际关系的恶性循环，就要正视自己的需求匮乏。不成为他人傀儡的方式，就是照顾好自己的需求，学会满足自己、爱自己，你可以这么做：

1. 拓展人际关系，为自己寻求有意义的联结

帮自己拓展人际圈，不再执着从某个人身上寻求认可。当我们拥有人际关系后，要练习接受人际关系中他人对我们的好意和肯定，使其成为肯定与支持自己的支柱，不断地在

与人互动之中增强自己的信心，进而相信自己有能力与人联结，并拥有接纳自己的人际网络，这样在他人剥削你时，就可以有力量起身离开。

很多人习惯从某个特定人士身上获得认可，来感觉自己是有用的。例如，老板很难缠，有时是因为他们身上带有父亲或母亲的特质，若获得他的认可，你觉得就像能搞定难缠的父母一样有光彩，但却看不到也许其他主管和客户对你充满赞赏。你执着地需要老板的认可，从而忽略了与其他主管和客户接触的机会，也不认为他们的赞赏是真实的，从而在职场上越来越感到挫败，也越来越缺乏韧性，更加依赖老板的肯定来令自己心安。

2. 学会肯定自己，提升自我价值

想一想，你觉得自己哪里不够好？外表还是能力？还是只要跟你有关的，都不好？当你愿意拥抱不完美的自己，温柔地直视自己不够好的状态，就会在平静中获得肯定自己的力量。

虽然这个过程会充满焦虑和羞愧，但只要你不断练习直视自己，就能停止对自己的批判，继而为自己行动起来，开始健身、学习等。让自己在自我成长的过程里，看见自己愿意以自我需求为主，为自己付出，不断提升自我价值，不再

因为他人的眼光及话语，动摇自己的内心。

举个例子，小丽在职场上曾经被主管当面批评报告没做好，她找我谈被当众指责的委屈和羞辱。在经历几次谈话后，我带着她回到当时的情境，温和地看着台上的自己，她感到一股焦虑袭来，却又逐渐平静下来。接着，她告诉我："是的，主管的批评并不是我这个人不够好，她希望我的报告能够更完善，能够准确无误地提供数据，我其实可以更细心，可以做得更好。"

后来，小丽在做报告时，变得格外谨慎和自信，她摒弃觉得自己不够好的羞愧感，用心撰写，认真、客观地对自己的报告负责，她的报告让人心悦诚服。从那以后，她不再自惭形秽，不再因觉得自己输别人一截而讨好别人。

想要脱离老好人的形象，要去审视自己的成长过程，了解自己内心的匮乏，帮助自己脱离限制，真正做回自己。

你退出与人际吸血鬼之间的关系，或是拉开距离时，可能会带给你个人情绪与自我价值的崩溃。你会觉得，自己怎么连一段关系都不能经营好，落到这么难看的地步，你可能会对自己产生怀疑。这正是我们要警惕的，人际吸血鬼就是有这种特质，让你总是怀疑自己，感觉匮乏或过度负担的问题迟早会发生。最重要的还是回到自己身上，将他人的行为与自身价值区分开来，划分界限，才能成为彼此独立的个体。

请记住，想要界限清楚，得从自己做起，看清身上的大爱和英雄情结，看懂心理游戏的三角循环，照顾好自己，满足自身需求，就能真正跳出老好人的悲剧。

Part 4

如何设立界限，探索并认识自己的底线

缺乏心理界限的人，最重要的症结点就是，觉得许多事情都是自己的责任，容易承担他人的情绪和指责，只要别人开口，就变成他的责任，因为他难以承受他人失望的表情，也就无法将拒绝说出口。

界限的探索

物理界限的探索

物理界限的探索方式：

1. 请画出你青少年时期的房间，以及居家结构。

2. 家中的每一个房间被使用（出入）的频繁程度如何？

3. 你对于“我的房间”的物品，有多少所有权？

4. 绘制的过程中避免与人交谈，但允许表达自己的各种感受。

如果你曾经有租房或购房经历，应该看过中介或售房方准备的房屋平面图，上面标示着卧室、客厅、阳台、卫生间等空间信息。我们再进一步用你看得懂的方式，注明房间内的物品。如果是复式或别墅，也可将每一层楼的结构分别绘制出来。

就以上四点要求，在安静且不被打扰的空间与时间里，画出居家结构图；若曾经换过房间，则标示出时间。

艾瑞克森（Eric H. Erickson）在《心理社会发展论》（*Psychosocial Developmental Theory*）中提到，青少年时期是发展自我认同最重要的时期，在此阶段孩子开始有“我是谁”“我归属于哪里”的概念，可以说是认识与确认自我状态的黄金期。本书的第一章中提到，心理界限可以通过物理形式，也就是房子的形式来理解，因此在这里我们也可以帮助自己通过居家环境来认识它。

在工作室中，我会让学员想象小时候带朋友回家时，如何向朋友介绍自己家中的结构。同时，也让其他学员试着感受，住在那种环境中的孩子会有什么感觉。这个试验总会激荡出有趣的反馈。现在，我就以下三个房间的结构讨论其心理学上的含义：

1. 物品vs所有权

回到指导语中的第三个问题，有些人心里清楚，虽然物品是自己的，自己却没有完整的所有权；有人则是房间内放有很多不属于自己的物品，比如跟兄弟姐妹或跟妈妈共享房间；有些夫妻则允许孩子的物品摆满客厅，甚至是父母自己的主卧房。

当你的房间必须与人共享时，势必要经常为另一个人着想，或者你很容易受另一个人的影响。

小萍从小跟妹妹住在一起，而且在家中又被要求照顾妹妹，她总觉得自己在家中不太有地位。在房间配置上，她注意到，自己的东西明显比妹妹少很多。而在与妹妹的相处上，妹妹是需要被照顾的发号施令者，就算现在成年了，妹妹还是会要求小萍买东西给她，小萍总是无法拒绝。

当你青少年时期跟家人同住一屋时，你的自我结构中，容易存在着另一位家人。你是否能清楚地辨识出家人的分量，是否能辨识出你们之间的差异？你总是无法拒绝家人，是否因为觉得拒绝家人就像“拒绝自己”那般艰难？

在我的课程上，有一位妈妈曾说，自己在家中的东西是最多的，因为她会冲动购物，一次买很多，然后堆在厨房、客厅。当我提到此为权力的象征时，她并没有察觉到。在家中物品的多寡，象征这个人在家中的分量有多重，以及他的权力地位。通常，你可以在家中摆放这么多东西，是需要家人“允许”的，若在家中没有权力，东西太多，甚至摆到公用空间，必然会带来很多争吵与指责。

小时候，在我的家里父亲的东西最多，尤其是书，我的房间有两个高至天花板的书柜，都归父亲使用，家中各个角落也都有父亲的书。但平日里，只要我有东西没归位，就一定会挨骂。所以，在家中权力小的人，没有自由去购买这么多东西，更不用说占用公共空间了。

小荷是家中的独生女，从小就拥有自己的房间。当我们在探索房内物品时，小荷说，虽然房内的东西都是买给她的，但她总感觉不到所有权。因为，小荷深知，假如东西坏了或找不到了，她一定会被惩罚。有时候令她不解的是，那明明是她在使用的物品，像是收音机、CD随身听……为什么母亲要经常进门来检查物品是否完好，让小荷觉得自己是容易做错事，又容易弄坏东西的孩子。

在这个例子中，物品所隐含的意义是“我的物品其实是母亲的物品，我也是母亲的附属品”。这个观念一直存在于小荷的家庭，在教养上，母亲会过度干涉并经常指责小荷，觉得她思虑不周，办事效率低下，需要母亲介入处理，家中界限乱成一团。

再看另一个例子，小仪是个总是为孩子着想的母亲，很多心思都花在照顾孩子上。由于丈夫在外地工作，小仪经常需要自己照顾孩子。探索房间时，她才发现，孩子的东西在她的允许下，常常会摆满主卧。丈夫也曾抱怨过，小仪不懂为什么丈夫要跟孩子计较，却没意识到，自己下意识地让孩子占满生活空间，影响到了难得的夫妻生活，更让她无法与丈夫太过亲密。

小仪这才想到，其实自己是刻意忽略了丈夫的需求，总是让孩子的需求凌驾于夫妻之上。这是因为她内心对于如何扮演好妻子这个角色不知所措。小仪父母离异，由祖母抚养长大，她的生活经历，让她只知道如何扮演母亲，同时又因为小时候生活中缺失母亲的遗憾，使小仪努力满足孩子对母亲的需要，自然疏忽了夫妻生活。当小仪意识到这一点后，惊觉一旦夫妻关系破裂，孩子将会再度面临她小时候的情况，因此她转而将注意力重新放回到夫妻关系上。

我们从这里可以看到，物品本身除了有权力和发言权的象征，物体的摆放也有权力意识，也可以作为介入他人界限的借口。我把物品摆放在你房间，就有理由进你房间拿东西，而你不能拒绝我。有些父母把孩子的物品摆在房间，孩子就必须进入房间去拿取，孩子当然因此会和父母更亲近，但同时却让父母有借口不亲近彼此，因为房间随时会有孩子进来。当你看到这里，发觉自己家的物品摆放也有问题，那么你需要对家中的物品进行重新摆放，为彼此打造舒适又安全的空间界限，让关系亲密且独立。

2. 房门vs界限

我上小学时，家人共享的浴室设在父母的房间，因此我必须去父母的房间洗澡。有趣的是，只要夫妻关系够稳固，或彼此渴望亲近，自然会觉得夫妻关系被入侵，就会及时用物理界限隔断入侵。所以，我记得小学四年级时，父母换到另一个房间，父亲甚至为了改掉孩子们说进门就进门的习惯，不但在门上挂了风铃，还要求我们进门前要先得到许可。用这两道“房门”来设立孩子跟父母之间的界限，适时地保护了夫妻的亲密空间。

父母的示范，让我意识到“房门”的重要性，它区分了你我，当“你”要进入“我”的空间，必须询问我，并获得我的允许。“房门”有保护关系，防止关系被破坏的功能。

父母的隐私被保护得很好，但我就没有那么幸运了。父母依旧承袭孩子不需要独立的意识和空间的旧观念，因此我被换到父母原本住的房间，在我小学和中学时，一大早家人便会进进出出使用卫生间。所以，哥哥高中住校时，我会不时地跑到他的房间睡觉，就为了自己的界限不被破坏，即使不断被母亲念叨，也依然故我。

对我而言，所谓我的房间，并非都是我的物品，有父亲的书架，大家共享的浴室，以及全家人晒衣服的阳台，住在这个空间里使我非常不舒服，不觉得这是“我的房间”。值得庆幸的是，我跟哥哥一样高中离家住校，虽然学校一开始是六人一间的宿舍，但后来则是单人房，让我终于真正拥有了自己的空间。这样的离家经历对我而言非常重要，让我重新确立了“我”的概念以及所属领域的界限。当我在自我认同的黄金时期确立了这个观念后，就很难回去了。你拥有你的界限，就拥有在界限中的自由和控制权，能够在界限中感觉真正回到家的安全感。

3. 门把手vs自主权

在《家庭会伤人》一书中，我特别提到，自我界限就像一扇把手在内的门，可以让人具备信任、自主、自发、勤勉的品质，因为当人对自己、对生命有掌控力，就会有希望、有能力、有意志力，也有目标去达成人生任务。

脆弱的自我界限就像把手在外的门，感觉生命中有很多不可控制的东西，对自己和他人有强烈的不信任感，容易因他人的介入、言语产生羞愧、罪恶和自卑的感觉。一个人的人生都掌握在他人手上时，便很难驱动自己前进，容易责怪自己、责怪他人，也容易承担他人的情绪。

因此，上课时我常会问学员，你拥有门把手自主权吗？你能够决定谁能够进来，谁不能进来吗？当你拥有自主权，就拥有自我控制的力量，也会觉得许多事情操之在己，自然会自我驱策，完成许多事情；当你丧失自主权，只能被动承受外界对你的一切影响力，你没有区分和辨识能力，好的、不好的统统无差别接收，一边塞满许多信息和情绪，一边又感受到自我的空洞和匮乏。

小莉就曾经有这样的经历。青春期时情窦初开，躲在房间里想要给心仪的男生写情书，又不想被家人知道，就把房门锁起来，结果引发了父母的愤怒。这令小莉很生气，为什么明明是自己的房间却不能锁门？

父母则认为，你是我们的孩子，你的房间是我们房子的一部分，当然不能自作主张。隔天，父亲就把小莉的门把手拆掉了，小莉回家发现后备感羞耻进而大发雷霆，但父亲完全不让步。小莉知道自己无法跟父亲抗衡，就变得越来越晚归，还在外面结交让父母担心的朋友，搞得家中鸡飞狗跳，父母气得把小莉带去做心理咨询，“矫正”小莉的行为。

这整件事在心理界限上，就是小莉对自主权的抗争。父母跨过小莉的界限，不允许她有物理空间上的安全与自由，也不允许她以自主意识安排自己的行动，限制小莉像是限制小孩子一样，忽略了当时正是她自我意识形成的重要阶段。父母对小莉的担忧和不信任，导致亲子之间的冲突愈演愈烈。

通过心理咨询，父母最终改变了对小莉的认知。他们对小莉放手后，小莉反而变得越来越自律，不再需要向外寻求朋友和资源来与家里抗衡。

其实，拥有物理界限，就是帮助孩子画出心理界限，提高对自己负责的能力。只要家人给予孩子足够的尊重和信任，孩子就能对自己的行为有足够的尊重和信任，不会做出逾矩、自伤或伤人的事情。

我们从房间中的物品、房门和门把手三个方向探讨，从物理层次去了解心理界限，从青少年时期的家庭环境了解心理界限是如何被建构的，同时了解我们所缺乏的，以及我们要争取或捍卫的，就能从物理层面帮自己捍卫界限，逐渐让界限的观念深入你与家人的心，最终成为彼此尊重又亲密的家人。

关系界限的探索

1. 请将所有家庭成员绘出，呈现家人间的互动（可以是印象深刻的画面）。

2. 绘制家庭成员，尽可能绘制出每个人物的细节，不要画“火柴人”。

3. 若有影响力很大的亲人，也可将其绘出。

4. 请选择每一个家庭成员在家庭中的角色。

这部分的探索，一个要探索的是“家庭氛围与规则”，另一个要探索的是“家庭角色”。许多人在绘制家庭互动时，会呈现幼年时印象最深刻的场景。接着，这个图像会一直停留在心中，形成自己与他人互动的印记，也形成日后家人角色与家庭氛围的固定形象，不断复制重演此画面。因此，理解你的画面所带给你的信息是很重要的一环，这会帮助你破除不断重复的角色行为与互动经验，维持与家人或其他人际交往中适当的界限。

在画面解析方面，提供以下三个特点供读者参考：

1. 人物距离

通过画面，能看出你与家人是否过度疏离或亲密。有的人绘制了家人的背影，这说明在他心中家人与自己是疏离的；有的人画自己跟哭泣的祖母抱在一起，说明他的情绪也经常处于伤心的状态，显现出跟家人的情绪界限过于纠结。

所以，当你跟父亲的位置疏离，有时候反映在人际关系上的，是容易跟年长的男性有隔阂，你不让他们靠近，你们的关系过于僵化；或者，会通过与其他年长男性的互动，来弥补与父亲之间失落的亲密感。当你跟女性的位置过度亲密，则反映出你容易在跟女性相处时，过于在意她们的情绪。

2. 身形大小与位置

画面中的人身形越大，往往在家庭中的权威越大，这个人通常是男性长辈，或者受宠的家人。越接近中央的位置，代表权力较大。如果位置偏离中央却身形巨大，往往意味着此人遥不可及，令你心中十分失落。

这样心理地位一旦固定，意味着你在人际互动上也容易感受到这样的心理地位的影响。当你意识到自己的心理地位低，在人际关系中就不容易感到自己的价值和存在感，而需要通过付出来争取认可，同时你会复制家庭中的人际交往经验到其他人际关系里。

3. 人数多寡

画面中人数越多，代表我们心中顾及、在乎的人越多。当参照对象多，意味着要看的脸色就多，想真正做自己，或想清楚划分界限就更加困难。画了很多人，表示绘制者很容易在人际关系中扮演照顾者的角色，有时为了让所有人都开心，而扮演开心果或协调者的角色。这类人很难维持自己的界限。

以上三个方面，供大家在解析画面时作为简单的参考依据。最重要的是，你如何描述自己绘制的画面。你可以问自己以下三个问题：

1.家里气氛是怎样的？

2.在这个氛围中，大家的感受如何？

3.大家各自在做什么？

你所绘制的画面，除了呈现出家庭互动的情形外，也说明了“家庭典型事件”里，每个人各司其职的角色，以及家庭中隐藏的要求和规则。例如，很多人会画出家人在客厅相处的画面，父亲可能是掌握遥控器的人，母亲端着水果，你跟在母亲身后帮忙，弟弟则半卧在沙发上看电视。你们一家人的相处状态看似平常，但细细解读每个人，就能了解角色背后潜藏的意义。而真正驱动人必须怎样做的“责任”，则要受到“感受和情绪”的影响，逐渐让我们在家庭角色中定型。

当事人的解读可能是，觉得很不公平（情绪：嫉妒），因为弟弟可以随心所欲地看电视（角色：小王子），爸爸只需要发号施令（角色：统治者），妈妈则在厨房里脚不沾地地忙碌（角色：女仆），身为女儿觉得很不甘心，却也无可奈何（情绪：无力和害怕），希望妈妈一起坐下来看电视，因此起身帮忙妈妈（角色：照顾者）。有时候，妈妈做得让爸爸不满意，爸爸会数落妈妈，女儿就会看不过去（情绪：愤怒、害怕），帮妈妈跟爸爸讲道理（角色：协调者）。

在这段描述中，你可以自由选择你想要描述的自己与家人的角色，没有限制，只要清楚这个角色所带来的权力、责任以及感受即可，理解这些角色是引发我们心理活动的关键才是真正重要的。

家庭中权力的悬殊，以及暗藏的规则，会造成界限设立的困难，因为权力会带给人害怕和畏惧，规则会内化成个人信念，让人始终遵从。

通过家庭关系图，可以窥探许多家庭成员的相处细节，了解家庭成员互动时的氛围，同时也延伸出家庭经历带给我们的角色责任，然而我们如何跳出角色，就需要从角色的心理运作机制开始理解。

驱动角色的背后因素

一般而言，当我们提到“社会角色”，大家都很容易理解，这个人是父亲、母亲、员工、媳妇、女婿、儿子、女儿，等等。但在上述例子里，我们说的是家庭中的隐藏角色，往往就是这个隐藏角色的认可，导致我们失去关系界限，因为你认为你有责任和义务完成某些事情。

例如，在我的实际工作中，遇到很多“小大人”。

当你还是“小大人”时，体会过权力吗？比如，当你发号施令，你的弟弟妹妹就得听话，这其实就是一种权力的象征，是角色的酬赏机制之一。然而，有些人可能会说，我在家中只有一堆苦劳而没有功劳，弟弟妹妹都爬到我头上去，我就是得死命地做事！

那么，这份酬赏可能是另一种机制。所谓“酬赏的心理运作机制”，通常有两个方面：第一，获得好处；第二，避免坏处。因此，当好“小大人”，可以使你获得家人对你的赞赏和肯定，让你拥有存在感（获得好处）；但也有可能在家人眼中，你负担起照顾弟弟妹妹的责任，是理所当然的，你做这些，是为了避免自己被责难或处罚（避免坏处）。

当你对“小大人”的角色形成了认同，你的自我意识就会自动负担起别人的过错，为他人负责，逐渐失去界限。

僵化的角色＝假我的形成＝否定真实感受＝失去人与人之间的界限

当自我被困在“角色”内，只能去过角色在剧本中的生活，久而久之，慢慢长成符合剧本需求的“假我”，无法真正拥有自己真实的感受，拥有的都是他人的感受，渐渐失去

"真我"的任性与活力，无从捍卫与保护自己真实的感受和需求，失去明辨是非、划分责任的判断力。

所以，在关系探索之后，发现家庭给你塑造出的隐形角色，在接下来的章节中，你可以通过界限的公式和步骤，逐渐设立界限。并在第五章《自我疗愈与茁壮》一节中，学会打破僵化的角色，找回真实的自我，帮助自己更清晰、明确、自在地设立界限。

设立界限的公式与步骤

接下来，让我们来看一看，在设立界限时，应该拥有的观念和步骤。

沿用第一章第二节，团队领导人果断下决策的例子，这样的做法使团队不但提供了品质良好的高效服务，而且没有耗竭自己的精力，在最短的时间里解决了委托方的危机。

同理，在其他人际关系中，受人尊重与喜爱，并非需要通过讨好来获得。然而，很多人无法明确地做出决定，不能及时拒绝，并提供相应的解决办法，是因为他们所处环境或在成长过程中受到太多牵制，下意识地遵从他人的意见，无法适时设立界限。

所以，在界限的设立过程中，明确以下三个重要概念，至关重要：

让他人学会为自己负责

还记得前面提到的，同事把自己的工作推给你的例子吗？在此，需要牢记于心的重点是，我们想当真正的好人，就要帮助对方学会对他的事情负责，授人以鱼，不如授人以渔。

你该思考的是，应该如何给予他协助，让他负起自身的责任，而不是你该如何去帮他完成他自己的事情。例如，他总是要你当中间人，你可以提供的是"他跟上司和客户谈话的技巧和建议"，而不是直接去帮他联系。除了帮自己摆脱被压榨的情况，也帮助旁人成为更有责任感的人。另外，生活中总是有爱打伸手牌的人，有问题懒得自己找答案，或者看使用说明书、SOP（标准作业程序）等，这时就需要提供方法给他，而不是直接给他答案。比如，告诉他哪里会有更准确的答案，学会关键词搜索等，帮他培养找寻答案的能力，也就能减轻你的负担。

缺乏心理界限的人，最重要的症结点就是，觉得许多事情都是自己的责任，容易承担他人的情绪和指责，只要别人开口，就变成他的责任，因为他难以承受他人失望的表情，也就无法将拒绝说出口。

我们在前文中探讨过群体文化中对于团体的归属感和认

可感，我们不喜欢不同的声音，习惯寻求关系上的和谐，因此无法明晰界限与自我的意识。但是我们可以提醒自己，我的拒绝是“拒绝这件事，并不是拒绝这个人”；他的失望是“他的要求被拒绝，他的期待落空了，并不是对我这个人失望”。这样就能找回对自己的信任，避免担心被排除在外的恐惧和受到情绪绑架，失去界限。

你有选择的自由，也有感受自己的自由

没有设立心理界限的人，纵使知道自己内心的感受，也无法表达出来，或是难以站稳自己的立场，不懂得如何拒绝。其实你忽略了，你已经是成年人，你有选择的自由，包括感受自己的自由。当你有以下三种行为发生，就说明你要正视自己的情绪了：

1. 散漫：动力不如以往，不再有过去的精力与热情，经常感到沮丧、无力。

2. 拖延：不自觉地拖延，明明知道事情该做了，却想要逃避或去忙其他事。

3. 唱反调：别人要你用A方式做，你偏使用B方式，刻意绕一大圈，不正面满足对方的期待。

简单来说，上述反应是一个人处在压力之下出现的，更准确地说，是“被动攻击反应”。当你主观认为对方比自己有心理权力与地位，不想正面反抗或拒绝他，又不能表达自己的感受，就会用散漫、拖延或唱反调的形式来反击，使得对方气急败坏。实际上，这只是避免正面冲突的做法，却无法满足彼此真正的渴望。

因此，你要提醒自己，感觉和情绪是用来感受的，我们是否承担得过多？感受的存在是为了避免我们身心崩溃，所以需要保护和尊重它。当我们可以让感受自由，就能跳出被动的局势，为自己打造更多更宽广的可能，人际交往也就越自在。

假设你是界限侵犯者（虽然有很多人并不认为自己是侵犯者），以下几个问题可供思考：

1. 你并不担心跟人起冲突。

2. 当你觉得的自己权益被侵犯时，会立马发作。

3. 你有时犯懒了，会忍不住叫别人帮你做事。

如果你有上述情况，代表你可能在不知不觉中侵犯了他人的界限。你是相对幸运的一种人，因为你很在乎自己的感受，也曾经是被重视和被照顾的人，所以懂得捍卫与守护自己的感受，进而能够守住界限。但要注意的是，当你并不担心与人起冲突时，可能同时意味着你不担心伤害他人。可能对你来说，有时在关系中占上风、让他人顺从，比起关系的和睦、大家开心要重要得多。你有相对多的自由，可以选择做自己想做的事，顺应自己的感受。但有时你会忘记关怀他人，或者面临让你觉得有负担和压力的事，就习惯往外推，让别人去承担你的负担。

不过，自由并非无限制。很多人因为太注重自己的感受，变得无法为自己的生活、财务和情绪负责，而且他们总能找到愿意为他们负责的人。因此，这些人需要设限的是，自由背后不受拘束又不够负责的灵魂，他们需要自己面对压力和职责。

设立界限，就是表达内心的重要感受，因为我们拥有真正渴望的生活与人际互动的自由。

感受要有疆界，是为了避免最终身心崩溃。身为人，就有局限性，没有看顾好自己的界限，损失的会是我们的健康，也将付出关系破裂的代价。

正视自身局限，让爱永续

了解自己的局限后，学会接受爱。

缺乏界限者习惯忽视自己的感受，不敢麻烦他人，他们太过自我设限，我称其为“思考牢笼”。这是由于他们往往觉得“我不可能”“我不值得”，或者“我没资格”，所以不敢向外求助。同时觉得自己没有资格接受爱，接受他人对自己的付出，因此只会吸引需要他的人成为他的朋友、伴侣。

关系是相互的，有付出，有接受，他人接受你的爱，也付出爱，关系就能平衡。正常情况下，若对方没有察觉到你的接受，往往会以为自己被拒绝，甚至感到亏欠，而羞于继续待在关系里，只有将他人的付出视为理所当然者才会继续留下来。

因此，学会接受爱，就需要打开自己的思考牢笼，告诉自己：“我付出爱，也值得被爱。”即使心中冒出“这不可能，我不值得”这类自我设限的声音，也允许这两种互相冲突的声音存在，如“我不可能被爱，我可以接受爱”。打开思考牢笼，才有机会跳出总是忽视自己，或总是被剥削的人际关系模式。

以上三个概念，用知名界限作家亨利·克劳德提出的设立界限的公式与判断方式来表述，就是“责任”“自由”与“爱”，非常简单易懂。对于角色的处境和待遇，我们都具备选择的自由与责任。如果生活中有人越界要你做事，你有自由决定是继续承受，还是直接拒绝。

想象这个三角鼎立的公式，面对关系责任，每个角色都有该负的责任，同时要在关系里拥有自由，否则当我们成为他人的傀儡或附属品时，欠缺的自由会令我们失去生命力，对关系的爱和付出也会崩塌。

同样，延伸到职场上，那份爱，除了是与同事的联结和付出，也包含了自己对职业生涯的付出与热诚。当我们没有谨慎看顾界限的三元素，遭殃的将不只是我们的职场生活，更会波及整体职业生涯，会让我们不断对某一行业、某一个领域产生倦怠之感。

我举个例子，更便于诸位理解三角鼎立的概念。

Sandy与弟弟同住，他们的家庭重男轻女，家务经常由女性承担，男性什么都不用做。Sandy的负担很重，每天下班之后，一回家就得做饭、洗衣，弟弟从小被姐姐照顾，将其视为理所当然，朋友们替Sandy抱不平也无济于事。直到某日，Sandy得了急性肺炎，在医院躺了六天，她才终于意识到，自己的生活有多失衡。

Sandy在家中负担过重，占用她大量的个人时间，她经常为此烦恼、不快。看到弟弟在客厅玩手机，她会一阵厌恶，怨恨当年那个可爱的小男孩，如今增加了她很多负担，可她却无法开口要求弟弟担负家务。生病之后，她痛下决心，一定要在家中立下规矩，她不再整理弟弟的房间和东西，如果弟弟在公共空间捣乱，她就不做饭以示惩罚。

Sandy的决定让弟弟终于开始负起自己的责任，虽然偶尔会偷懒，但没有再把事情全都丢给Sandy做。当Sandy有了更多的时间和精力后，就觉得和弟弟一起生活并没有那么痛苦，弟弟仍旧是小时候那个黏着她的可爱小男孩了。所以，在各种情境中，可以运用界限三角的概念，为自己的关系设界限。

接下来，我们进一步探讨，究竟设限可以通过哪些步骤来实现。

我们分成两个角色来探讨，通常界限被侵犯者的痛苦指数较高，侵犯他人界限的侵犯者则是关系中的既得利益者，但久而久之有可能因为人际关系断裂而产生痛苦。心理学家阿德勒（Adler）说过，所有烦恼都是人际关系的问题，正是如此。

我为被侵犯者提供了设立界限的四个步骤，帮助读者明确遭遇侵犯时，怎样为自己解套。

步骤一：厘清责任

相信不论是通过卡普曼三角形，拯救者、受害者与迫害者的心理游戏，还是本节当中的界限公式，读者都认识到，每个人都该为自己的人生负起责任，不管是财务还是情绪。最常见的例子是，被侵犯者身边都有一个依赖者，不管是在情绪上依赖，还是在财务上依赖。这里举一个财务依赖的例子，协助读者理解。

Kiki是家中的长姐，从小就被教导要照顾妹妹，也常把妹妹的事当自己的事。她来参加我的界限课程时跟我说，有一阵子她没工作在家休息，妹妹时不时就发网购的链接给她，说有双好看的靴子好喜欢。Kiki一听就知道妹妹是在对自己撒娇，要自己买了送给她，可是妹妹有工作，自己几乎是在啃老本，想到自己未来继续读书的资金就这样一直减少，不免忧心忡忡。

Kiki此时应该意识到的是，妹妹应该要为她自己的生活承担责任。姐姐一直给予的照顾，会成为一种支持的力量——支持妹妹继续依赖下去，无法真正长大，无法照顾好自己生活中的大事小情。

但有时，即使我们理智上知道不该这么做，情感上却无法克制，依然陷入旧有模式，这就需要进入下一个步骤。

步骤二：向内征询，体察情绪

我经常在课堂上找一个人来扮演内心界限被侵犯的孩子，让另一个人感受他内心真实的感受，并说出来让当事者知道。这是一种很重要的角色扮演，利用照镜子的功能，让当事人能够更深刻地体会自己的内在状态。

我们总是习惯处在无觉无知的状态，忽略内心的声音。当通过他人的扮演来说出内在声音时，对当事者来说除了震撼，也带有一定的疗愈功能。因此，对于多数刚练习设立界限的人来说，通过他人反馈感受，可以拓展自己在情绪上的觉知，帮助自己明确界限。

在这个步骤中，你可以想象心中有个孩子，或者想象童年的自己，在经历这件事时，会出现何种反应。你可以通过这样的引导语与自己对话："嗨，小朋友，我想问问你现在的心情和感受，你可以让我知道你想怎么做吗？"

缺乏界限者通常无法专注于自身感受，因此通过问话来拉回自己，也许你可以听见自己的委屈和不耐烦，在向内征询的过程中，肯定也会尊重自己的情绪。

就拿Kiki为例，当她向内询问内心的孩子时，就感受到一阵无奈和伤心，她才发觉过往不断花心思照顾妹妹的原因，是想要获得父母的肯定，长大以后还一直被这种思维模式制约着。而难受的是，这些照顾都被家人视为理所当然。

所以，当Kiki再一次询问自己，想要怎么做时，她听到内心说，她好羡慕妹妹可以这样享受生活，但也生气妹妹没有负起自己该负的责任。

在我跟Kiki探讨的过程中，她坦诚地说，这些话在自己心中反复出现，她努力压抑自己不说出来，现在才发现原来压抑导致自己失去界限。

在清楚内在声音后，就到了下一个步骤。

步骤三：说出内心感受

这个步骤的困难在于我们总是有很多顾忌，包括对界限的疑惑，害怕说出来会让人觉得不合群、失去关系或破坏和谐等，或者是因为自己不够坚定，容易被说服，担忧自己太自私。所以在说出内心感受前，可以对自己的内在多些肯定和安抚。

以Kiki的例子来看，可以这样对她说："我知道很不习惯跟妹妹划界限，也不希望妹妹不喜欢你，现在我肯定你的想法和感受，我陪着你一起把它说出来。"

人在恐惧不安时，最需要的是感觉受到支持，以及有所联结。若我们缺乏支持和联结，就会依赖关系，并失去界限。当我们愿意与自己深刻联结，就能更好地设立界限。所以，只要Kiki感受到内心的支持，就可以更有力量去面对关系，划下界限。这里要注意的是，说出感受并非一味拒绝，而是让对方理解我们的立场，同时也告诉对方，我们所期待的关系模式。

你可以尝试用以下五种句型来表达自己的想法：

1. 理解感受："我知道你"现在很着急……

2. 重视关系："我很重视你 / 在乎你"，因为你是我唯一的妹妹。

3. 说出界限："我不能给你 / 帮你"做的，是一直给你金钱，让你买你想要的东西。

4. 给出资源和支持："我可以提供你 / 协助你"规划你的生活费如何花用。

5. 期许关系："我希望我们"一直都是可以互相支持的姐妹，我可以陪你，听你说话，但如果经常要我出钱帮你买东西，我会觉得很有负担。

很多人不喜欢被拒绝，其实是害怕被人排除在外，陷入孤立无援的境地。我们设立界限的目的，是希望关系往更健康、更平等的方向前进，同时让对方感受我们的支持，即便支持形式达不到对方的预期，通过以上这五个句型，也可以帮助降低关系的紧张程度。

我们在面对具有更强烈破坏性的关系互动时，例如，伴侣酗酒和贬低我们等行为，就需要进入第四个步骤——在说出感受后，做出邀请与警告。

步骤四：邀请与警告

前文提到，需要设限的伴侣类型中包括暴力和成瘾性行为者。警告则是提醒对方，若下一次再有破坏行为发生，就要采取行动。

Cindy和男友都有小酌的习惯，但有时男友会因为工作不顺心而喝得特别多，一旦喝多就会发酒疯，乱踢桌椅、大声咆哮，甚至指使Cindy帮他买更多的酒。后来，Cindy再也受不了了，因为男友的行为已经影响到Cindy对他的尊重和爱，也怀疑未来自己是否要继续跟他在一起生活。

在了解界限的概念后，Cindy在一次男友酒醒后告诉他："我们都喜欢小酌一杯，我知道你心烦时很想喝酒，你也明白，我很在乎你，也很在乎我们的关系。但是，我们的关系中有太多的酒精，多到影响我对你的感觉。每次你喝多了就会失控，这让我很担心。我希望我可以多了解你，陪你度过心情不好的时刻。我不希望你一直喝酒，这样不仅伤害你的身体，也伤害我们的关系。"

> 邀请："所以，我希望，当你下次又有强烈的喝酒欲望时，可以让我知道，我愿意陪着你。"
>
> 警告："如果你不愿意，还是一样喝到醉，那么我必须跟你分开一阵子，因为我没办法接受我们的关系持续被伤害。"

邀请对方，让他知道你愿意支持他，也提醒他，你们的关系到了需要调整和改变的时候，让对方有心理准备。同时给予对方耐心，学习适应不同的相处方式。

有时候，你很难做到一次到位，但如果对方愿意调整，开始吐露心声，并降低饮酒量，要愿意给对方改正的机会，让对方在关系中获得肯定，逐渐强化关系界限，增加改变的可能性。

接着，最后一个步骤，也是最重要的步骤。

步骤五：彻底执行

很多人无法成功设立界限，除了得过且过，经常睁一只眼闭一只眼，有时候是因为自己心软或舍不得，导致关系里的问题一直困扰着彼此。我们要明确的是，界限是要限制自己，也就是限制自己再投入、再依赖关系。很多人依赖于在关系中被需要、被认可的感觉，而无法真正设限，因此，最后一道防线针对的正是自己。

以Cindy为例，当男友再次发酒疯，她就要离开与男友共同居住的空间，并且给彼此一段冷静期。在这当中，双方不要有任何来往和互动。因为当互动产生，原本的情感依赖模式会照旧，对男友而言就不会有任何差别，他没有体会到失去关系的后果，也就不会有“关系需要调整”的危机感，反而觉得自己更握有权力，即使不改掉坏习惯，对方也会继续忍受。

当Cindy彻底离开男友一阵子，她的内心一定充满惶恐，不确定这样做是否正确，这时身旁的支持系统就显得格外重要。Cindy要学习求助于身旁的人，身旁的朋友或家人，可以正面肯定Cindy的行为和方式，陪伴她度过这种孤单无助、但其实非常勇敢的设限过程，帮助Cindy获得更健康平等的亲密关系。

倘若你是界限侵犯者，在设立界限这个问题上，你要做的不是守护自己的界限，而是如何尊重他人的界限。当你有能力保护和尊重彼此的界限，才能打造平等持续的关系，不会为了赢得面子，而输了关系。

界限侵犯者因为个性主动、大胆，敢于索取，与人设立关系向来不是问题。他会因为你的靠近而与你友好，你的问题在于维系关系，以及真正设立平等互惠的关系，而不是索取者与供应者的失衡关系，或是父母与孩子之间照顾与被照顾的倾斜关系，甚至是阶层关系。

我很爱买鞋子，一次逛商场时，遇到一个女生，她因为好奇就跟我聊天，知道我是咨商心理师后，就问我："我经常觉得我是不是不该活在地球上？"她感觉自己与周围人格格不入。初次见面，我感觉她很可爱，笑容很甜美，便问她："跟朋友是这样，那跟家人呢？"她立刻说："不会！我父母都很疼我，对我很好。"

我听了她的回答，意识到这是个在家中受宠的小公主，而她在日常的人际关系中也复制了家中的模式，导致身旁的朋友一个个离开她，让她很挫败，明明在家可以使唤父母、可以耍赖，怎么在朋友圈里就行不通呢？如今她已经三十岁，行为却还像个少女。我知道对这样的女生，不能太直接地告诫她，即使她很想知道我的建议，我也只是对她说："你要记得，你是独特的，别人也是独特的。"

以下四个步骤，可以帮助界限侵犯者学会尊重他人界限：

第一步：穿别人的鞋子

避免将感受和觉知只集中在自己身上，而是把眼光放在别人的身上，看见他人的感受，并且学习感同身受。比如说，我现在对他说的这些话、做的这件事，如果别人也这样对待我，我会做何感想？

当你认可别人的感觉是真实存在的，才能有意识地保护他人的界限，而不是无休止地索求、侵犯。

第二步：愿意联结和关心他人

你可以问问自己，有没有高人一等的感觉？或者觉得人际关系很麻烦？当你真想改变自己的人际关系，就需要学会从索取到相互平衡的状态转换，学习主动付出和关怀他人，并且认识到任何留在你身边的关系，都得来不易，他们经年累月地被你索取，还愿意留下来，你更应该懂得珍惜与保护。你的关怀可以为身旁的人注入滋养的暖流，让你们能够持续保持平衡的关系。

第三步：你很独特，别人也是

以自我为中心的人会觉得自己很独特，好比一幅图像中，自己是彩色的，其他人是黑白的，因此很难真正将他人视为独特的个体。看到他人的优秀会嫉妒、不以为然，理所当然地接受他人的好处，期待自己被众星拱月般对待，一旦没有被如此对待时，就会极为失落且愤世嫉俗。

当你愿意在你的图像中赋予他人色彩时，你的生命才有机会真正多姿多彩，因为每个人跟你一样，是唯一的个体，是爸妈的宝贝，都值得被捧在手心上珍视。

因此，界限侵犯者们，如果你害怕心中那份深深的孤单，就让自己这座孤岛与他人有联结吧！这样才不会在孤立和失联中自我感觉良好地安慰自己：“我很棒，只是别人不懂。”最后却发现，世界上没有人懂你或愿意懂你，就如同你不愿意懂别人一样。

打破自我中心，向外拓展注意力和感受力，去联结也去尊重他人，这样你就能遇见新世界。

Part 5

设立界限之后，成为自己生命的主宰

自我否定其实是我们内心固有的一种意识，非常僵化且非常顽固。而自我肯定就像一味良药，一旦进入我们的内心，开始瓦解原本僵化顽固的思想，久而久之，总有一天我们脑袋里的想法就会被改变。

自我疗愈与茁壮

避免对界限的误用与误解

在一次人际界限的课上，一位学员问我："老师，你一直说内在感受很重要，也一直提到要向内询问，那如果另一半经常说'你的杯子不要这样放，袜子不要放这里，你这么做我非常难受，如果你持续这样伤害我，我就跟你分开'，这样设立界限，是正确的吗？"

是的，它看起来像是在设立界限，也的确是在表达自己的感受和需求，但你会发现，这更像是控制和权力的争斗。

多年前的一句知名广告语曾引发热议："只要我喜欢，有什么不可以"。但很多时候我们的喜欢是建立在他人的痛苦之上的。而且这种不在乎也不理解他人状态和感受的界限声明未免矫枉过正，本意是想有界限的自由，其实却将他人关入界限的牢笼，只能听你摆布。

许多以自我为中心的人，特别爱以界限为理由来表达自己的感受，却将自己与他人碰撞得一身是伤。如何避免误解界限，避免进入界限的误区，以下两种界限误用的例子，是必须了解的：

1. 界限是为了亲密，而非疏离

在自我成长的过程中，我们经常会有这样的经历——从缺乏自我，到拥有自我。缺失界限的状态往往发生在前期缺乏自我状态时。当个人成长帮助我们理解“我是谁”与“不是谁”之后，最容易发生的极端现象就是，过度保护自我感受。

因此，自我状态会表现得比较极端，不是“缺乏自我”，就是“自我膨胀”。当看见自我时，容易因为对自己过度怜悯和疼惜，而不自觉地在人际相处中，放大自己过往的受害经历，不允许自己再次受害；过度重视和捍卫自己的感受，则容不下关系中任何一丁点儿相左的意见。

设立界限是以关系为前提，在前面提到的例子中，很爱在家中设立规矩的人，往往是家中权力最大的人。可想而知，在规矩多的家庭中，家人之间的关系一定是疏离的。

所以，如果你是关系中那个规矩多的人，觉得他人应该围着你转，觉得别人让你失控，你要特别注意了，你正在将对方推远，你们之间的关系正逐渐变得疏离。因为你在关系中创造了许多恐惧和担忧，让人无法坦然与你互动，生怕踩进你的雷区，或违反你的规矩，而无法自在地与你相处。

如果你存在上述情况，那么当你又感觉不舒服，想要立规矩时，请停下来思考：

① 对方发生什么事了？

② 我如何跟对方达成共识？

③ 什么样的情形我可以接受？还是我都无法接受？

要是成了一言堂，你们便无任何沟通的空间，关系趋向疏离，变得冰冷。

当然，我相信你会说："不可能啊！你都不知道，如果我不管他，任由他把东西乱放，我们家会乱到什么程度！"

假如是这种情况，请回到上面后两个问题。你会发现，对伴侣而言，东西乱放是从小就养成的习惯，但家中环境确实需要共同维护，你对此是否能够让步，以便双方达成共识？对你而言，是要求对方的东西完全不乱呢？还是要求对方的东西只要部分不乱就行？

很多伴侣都有这种生活习惯不同产生的困扰，不过既然决定要生活在一起，就得接纳对方的某些习性，而不能要求对方完全符合你的标准。双方可以达成共识，让对方在家中某个区域，适当地展现最自由的状态。比如，允许他的书房或衣柜可以无止境地脏乱，而你绝对不会干涉。我们要在家中给对方留下一块令他感觉安心自在的地方。

彼此认可的规则，才是真正的家庭规则，真正为彼此的关系设定了界限。

2. 界限是为了负责，而非逃避责任

常有很多人来跟我抱怨，婚前婚后伴侣对待她的方式相差太大。婚前很殷勤，婚后像变了一个人。男女生理结构本身就大不相同，多数男性在情感生活稳定之后，就开始更多地追求事业的成功；而女性在情感生活稳定后，会下意识地对关系有更多的付出。许多有关抑郁症的研究发现，男性容易因为缺乏成就而抑郁，女性则容易因为关系不睦而抑郁。这种性别差异，导致许多男女在相处时受到困扰。

举例来说，男友答应女友，会每天陪她看电视剧、聊天。相处一段时间之后，男友因为换工作而变得十分忙碌，

陪伴女友的时间越来越少。女友开始对男友感到不满，变得咄咄逼人，男友无奈，逐渐回避女友。

当关系度过热恋期，进入稳定期，就考验着伴侣彼此调适和共同成长的能力。很多女性在关系里感到孤单、失落，因为男性前期在关系中的投入，满足了她内在的许多需求和渴望。当双方习以为常后，面临关系的改变和相处形态的调整，女性容易因不适应而产生争执和埋怨。

女友在了解了什么是界限之后说："你之前答应我会照顾我，现在却经常说很忙、没时间，你的言而无信让我很受伤，我希望我们可以像从前一样相处。"

但是，双方却无法回到以往的相处模式，男友不知道要如何回应女友的失望。而且，这种希望另一半回到过去履行承诺的要求，完全没有考虑到对方已经改变以及为什么会改变，同时也没有意识到，自己将照顾自己的责任推到了男友的身上，还要求对方继续承担。

所谓"对关系负责"，是双方相互的，对方陪伴照顾你，你也要关心照顾他，而非只要求对方维持照顾你的模式。因为随着时间的推移，彼此之间的关系和对方的社会成就都会不断成长，你也要随之成长。

因此，正确的设限，谈的是如何巩固关系使之保持亲密，而不是谈你个人怎么获得照顾。设限的正确方法是：

“我觉得我们的关系跟之前不同了，我有点担心，害怕你不像之前那样爱我，少了你的陪伴让我有点不安。我们应该怎样调整相处的方式呢？”着眼于关系，而非个人；邀请对方讨论，而不是下结论、下决策或直接提出要求，这才是真正为关系负责的表现。

3. 设立了界限却形同虚设

① 走出舒适圈，避免相互依赖

设立界限会让我们得到尊重与自由，同时也会让我们失去某些东西，例如，经济上的支持。我曾经有一位二十多岁的客人，在进入职场工作了几年之后，回家帮家里工作。父亲给了他远高于市价的薪资，却一直操控他、贬低他，嫌弃他为家里带来的业务不够多，又说以他的资历根本拿不到这么高的薪水，当他有新提案时，还不断地打击他。

我帮助他设立界限时十分艰难，他表现得很抗拒。他不想放弃出入名车的奢华生活，以及父亲给他的副总经理的头衔。他曾与父亲好好谈过，并要求设限。几次痛哭下来，父亲的确有所软化，但没过多久，父亲一家之主的架势再次出现，令他束手无策。

如果你无法走出自己的舒适圈，不相信依靠自己的能力可以找到让你展现所长的工作，就只能在舒适圈里煎熬，无法争取真正渴望的生活和关系模式。

② 界限需要保持一致性，而非时有时无

设立界限时，我们有个习惯，一旦对方有所改变，就觉得不需过于在乎界限，这往往会不断积累委屈和愤怒，酝酿出下一场争吵。这个现象在有暴力倾向者或不负责任的巨婴伴侣身上十分常见。例如，当你对伴侣设立的界限是，不能再用言语贬低你，很长一段时间内伴侣都做到了，你也能感受到他有时候忍不住快要犯时，会努力控制自己。但过一阵子之后，对方原本的坏习惯又回来了，你却告诉自己，他不过是最近压力太大，还是得让他宣泄一下，至少他肯努力。

因为设限者想要当照顾者的这个需求，会使他们在设限时感到失落，加上他们习惯从旧有模式中获取满足，便难以保持界限的一致性。所以，要坚守的依旧是自己的需求，让界限可以保持长期、完整，也让爱能够平衡地延续下去。

③ 界限是讨论的过程，而非单方面告知

界限设立是个循序渐进且持续不断的过程。许多人乍听这个概念之后，就急着设限，导致关系更为僵化。例如，你不喜欢先生酒后发酒疯，但这几个月相处中你并没有明确地与他沟通过，一直到昨天你突然发出警告，如果他再这样喝酒闹事，你就要跟孩子搬出去住。先生听了既错愕又气愤，于是今天又酗酒。你心想，一定要坚持界限，就带着孩子住到朋友家，结果搞得大家都很尴尬。

面对陈年积习，需要给对方改变的时间，并且不断发出邀请和警告，而非忍无可忍时才强势地提出要求。任何行为上的改变和模式上的调整，都要给对方足够的心理缓冲。当步子迈得过大，要求对方立即从酗酒到戒酒，或从混乱到整洁，都会引发强烈的抵触，导致对方产生心理阴影，更加难以调整彼此的相处方式。

想让界限真正落实在生活中，需要避免以界限之名，行控制之事，这样才能创造出亲密又独立的关系。

关于思考牢笼的补充

思考牢笼这个观念我从陈志恒心理师那里学习到，同时陈志恒也是神经语言程序学高阶训练师，他认为自我挫败信念有三个方面："我没有可能""我没有资格""我没有能力"。

这三个思考牢笼会衍生出许多情绪困扰，很有可能是你在成长过程中被忽略过，或者你以前在学校、职场中有过挫折经历，让你不自觉地为自身能力下了结论。这些结论用语言表达出来，便成了"信念"——那些你对自己的看法，成为思考牢笼。

以职场为例，对职场里的自己、他人，以及职场本身，你都会创造出一些信念，阻碍自己追求成功，实现自我。比如：

“一定是我很糟，才会做这份工作！”——对自己。

“同事和上司都不好相处，小心为妙，不要轻易相信任何人！”——对他人。

“职场真的太危险，要不是得混口饭吃，真不想面对！”——对职场本身。

即使你知道，你是个成人，也是个独立个体，某些想法太过落伍。在人们都在追求事业的时代，你还觉得能混口饭吃就好，无法真正看见自己的能力。你不知道，你用自己的信念将自己关进监牢。

虽然在某种程度上，你的信念在你被欺负或不得志的日子里，安慰了你的心灵，但是它却在你逐渐变得顺利时，让你每况愈下。因此，通过改写信念，我们可以帮助自己面对思考牢笼，但并非将原本的思考牢笼就此移除，而是通过“同在模式”帮助自己拥有新观点，让正向的想法与挫败的想法同时存在。

你要做的是练习“同在”的语言模式，也就是“我可以……；同时，我也可以……”。例句如下：

“我可以相信自己是糟糕的；同时，我也可以相信自己很有价值。”

“我可以允许自己不相信同事与上司；同时，我也可以允许自己相信同事与上司。”

“我可以感受到职场是阴险的；同时，我也可以感受到职场是温暖的。”

（下面，请你试着模仿造句）

我们不是要找一个看似正面，但连自己都很难接受的信念去取代原本的思考牢笼，而是要允许两种信念同时存在，这样僵固的思考牢笼便会打开。当你变得更有信心，才能拥有继续向前的勇气，敢于把握机会，面对职场挑战！

修复受伤的自我，帮自己疗愈

前面的章节不断提到设立界限的步骤和判断，非常依赖我们对自身感受的觉知。我们生而为人，被赋予感受和思考能力，其实这是一项礼物，它帮助我们成为一个个独特的个体，最终因活出自我的独特性，为社会带来巨大的贡献。但可惜的是，为了便于管教，统一式教育压抑着我们个性的发挥，使我们的思想和情绪容易被他人左右。

其实界限的设立，就是一种自我认知的过程，了解你跟我的差异性，清楚我可以不被你影响。如果自我意识不健全，就需要听从他人的看法，容易受他人意识左右，因认不清楚自我感受而痛苦不堪。所以，自我的完整性，对设立界限相当重要。

在这一节，我会分别介绍三种练习方式：自我疗愈练习、自我肯定练习与自我疼惜练习，并分别搭配冥想音乐，让读者可以更深层地接近自我，让自我的完整不再随意受到侵扰。

自我疗愈练习：拥抱内在小孩

首先，来分享一个实际工作上我经常遇到的例子。

小叶来向我求助是因为她深感自己很容易受到他人影响。每次跟主管和资深同事交谈，甚至跟客户沟通时，她都很容易紧张。对方的表情一有不对，她就十分焦虑，忘记自己的专业判断，脑中一片空白，接着就看到他们更加失望的表情。在慌乱无奈之下，她会开始讨好对方，听从对方，照着对方的意思走，只求赶快过关。她看到了自身的盲点：每次一紧张，就失去自我。她一直在追寻的，就是事情或项目可以安全过关，交差了事，根本没有能力追求卓越，把事情做好。

小叶就是一个缺乏自我，容易受人影响的人，她无法保持人际界限和专业界限，感觉自己距离成功非常遥远。

那么，为什么小叶无法坚定地设立界限呢?

这要回溯到她小时候。小叶是家里唯一的小孩，妈妈是小叶的主要照顾者，她是一位脾气暴躁的家庭主妇。有一次，她拿着一张九十五分的考卷回家，妈妈生气地质问她："为什么没有拿到一百分？"接着把她痛打一顿。小叶什么话也说不出口，因为怎么回答都不对。为了保护自己，也为了不让妈妈更生气，她只能听话，不能反抗，小叶的自我界限随之被破坏。这样的经历带给她深刻的负面影响，每当长辈或权威人士问她问题时，就很容易引发她小时候的慌张感，感觉自己不管怎么说、怎么做都没用，只能无助地任人宰割。其实，是焦虑令她退回小时候的状态，无力抵抗，逐渐形成对权威的惧怕。

亲爱的，有没有特别发现自己对于某一类人，无法坚定地拥有界限呢？

这往往跟我们童年成长的伤痛所产生的负面影响有很大的关系。在成长过程中，孩子的自我意识正在塑造阶段，当某类事件重复发生时，就会导致他们在人格发展中，对自我产生强烈的质疑，因为外在事物会影响我们对内在自我的看法，连带影响我们对自己的信念。就像小叶经常觉得："我怎么做都没用，干脆放弃，闭嘴好了。"不想再为自己争取。

可是，如果我们想坚定地为自己设立界限，就必须修复受伤的自我，帮自己疗愈，为自己找到伤痛点，好好疗愈它。这当中面临的最直接的阻碍是，很多人觉得疗愈自我，就等于指责父母对我们的伤害，谈论父母的是非。

让我们来看以下三个步骤，循序渐进地帮助大家摆脱这样的想法。

第一步：承认伤痛

很多人会感到难行，认为批评心理学家们都在责怪父母，但其实心理学家们并没有这个意思。如果父母们有机会学习如何做个称职的父母，他们一定会好好爱孩子的。不过可惜的是，很多父母也没有被好好爱过，所以他们只能用自身的经历去“爱”孩子，使孩子们不断承受家庭教育的伤痛。

在前面提到的毒性教条中，米勒曾说道：“若你否认你所受到的伤害，会导致我们以同样的方式去伤害下一代。”

第二步：去除“三化”

我们在童年经历伤痛时，会产生认知失调，也就是父母用这样的方式对待我，并不是不爱我，是因为某些不得以的原因，让他们不得不做出伤害或忽略我的行为。而我为了降低内心不被父母喜爱与避免被父母遗弃的恐惧，会在心里为父母的行为做辩解。

因此，有三种情形是孩子受伤后的常见反应：

① 神化

当孩子被父母忽略时，在心中编织出父母的各种神奇故事，觉得父母一定为了拯救世人，所以才必须忽略自己，他们有更重要的社会任务在身，因此不关心我是出于无奈。

② 合理化

当孩子被父母殴打、言语虐待或贬低时，会因为无法解释而故意合理化父母的行为。例如，最常听见的是：“打是亲，骂是爱”，从而弱化内心的伤痛。

③ 隐形化

当父母由于过于忙碌或无力安抚孩子时，会要求孩子隐藏情绪，或打骂有情绪、有需求的孩子，于是孩子学会隐藏自己的感受，以博取父母的认同。

因此，正视以上“三化”反应，才能帮我们去除其影响。正视内心的感受，才有机会疗愈自己，找回内在力量。否则，我们的内心就不断受困于小时候界限被侵犯、被伤害的无助之中，陷入反复自怨自艾的恶性循环。

当我们愿意承认，原来自己过去一直在合理化父母的行为，他们如此对待我们并不是因为我们自己不够好，而是由于他们传承了上一代的经历。只有我们承认自己身上的伤痛，才能正视“三化”对我们的影响。

所以在小叶的例子里，她虽然会说，因为妈妈求好心切，才会这样惩罚她，但只有当小叶愿意正视小时候的恐惧和害怕，也承认母亲的行为让她备感痛苦，她才能真正为自己做出改变，修正总是面对权威者便感到害怕、丧失界限的状态。

在正视伤痛后，要如何帮助自己找回设立界限的力量呢？我们要做的就是让自己回到小时候受伤的情境中，去修正错误的经历，成为保护自己的人。

第三步：疗愈内在小孩

关于疗愈内在小孩的方式，我在《做自己最好的陪伴》一书中有许多描述。

在小叶的故事里，她想到小时候，每个月都会发生妈妈严厉管教她的事情。疗愈内在小孩时，我带她回到小时候住的房间，她描述自己坐在书桌前，背对着房门，妈妈随时会探头进来看她。当小叶没考好，一定得在书桌前正襟危坐。我陪着她花了好长一段时间，才让她的意识状态进到小时候的房间，对她而言那是充满惊吓与焦虑的空间。一开始，她知道自己就是那个小女孩，却无法正视她，最后才能够慢慢靠近，呼唤她的名字。

就是因为这种羞愧、痛苦的感觉，让我们遗忘了内在的小孩，想碰触却接近不了。最后，小叶终于将手搭在小女孩肩上，却什么话也说不出口。这在探索初期是很正常的，因为当事人的情绪会比较激动。但当小叶鼓起勇气去接近小女孩，并告诉她，没关系，没有什么是不可战胜的，她就真正帮助自己从焦躁中长出自我稳定的力量。

当小叶与内在小孩产生了交流，就会在焦虑的情境中，对过往进行修正，不再全是惊吓与害怕，而是安抚和支持。

体验过修正经历之后，再次遇到相似的情况，就能使用修正经历覆盖掉小时候错误的经历。一旦内心坚定，不再被情绪所左右，便会恢复理智，看清楚自己和他人，从而设立界限。

小叶获得修正经历后，再度回到会议室时，她的主观知觉也跟着改变。突然间，她觉得她的上司跟客户变得跟她一样“大”。意思是说，原本在她眼中，她和对方之间是小女孩与大人的巨大差距，现在猛然发觉自己与对方是一样大的，她终于不再受困于小时候的感受，认识到自己是成人，有力量做出理智的决定。

在我们疗愈过往的自己之后，接下来可以进一步帮助自己练习自我肯定，更加全面地强化自我，也更多元地接纳自我。

疗愈内在小孩冥想引导

深呼吸……吐气……再呼吸……吐气

每一次的呼吸　都让你自己更放松　更轻松

每一次的呼吸　都让你自己更自在　更安宁

放松　你的身体

放开　你的思绪

轻松了　自在了

想象你的头顶有一道光线

从你的头部　轻轻地　向下移动

光线所到的地方　你感觉无比地轻松　放松

光线像扫描一样　来到你的脸部　脖子　肩膀

缓慢地向下移动　到你的手臂　胸口　到你的腹部　腰部　臀部

再慢慢来到你的大腿　膝盖　小腿　一直到你的脚掌脚尖

你感觉光的扫描　从头到脚

你感觉无比地放松　轻松

现在　想象自己走在一条黑暗的道路上

你踩着坚定平稳的步伐　一步一步向前走

身旁黑压压的一片　你依旧感觉安心　信心

你就是向前走

远远地　你看到远方有一丝光芒

你循着这道光芒　慢慢地走了过去

走着走着　你纵身一跳　穿越了光束　来到了另外一个世界

你看着你周遭　你看着这充满光芒的世界里

远远地　你看见了小时候的自己

你就是远远地端详着他

他的头发　他的表情　他的五官　他的穿着

你细细地看着他

这时　你看见身旁的大人　你仔细地观察着大人与小孩的互动

你看着　小孩脸上表情细微的变化　你都看见了

你看见　他们正在发生的事情　你都知道了

远远地　你看着他们的互动

这时候　你看见大人的身影逐渐变得模糊　变淡　变淡了

慢慢地　大人的身影　消失在你的视线当中

只剩下你　和小时候的自己

你看着小时候的自己

慢慢地朝他走了过去
走着走着　你循着他的高度　慢慢地蹲了下来
你都看见了　你都知道了
你知道孩子身上发生的事情
你了解孩子的心情
你了解他所有所有的感受
孩子看着你　你看着孩子
现在　你可以对孩子说任何你想要说的话
你看着孩子　在你说话的过程里　脸上细微的表情变化
你心里头　有好多好多的感受
现在　你可以对孩子做任何你想要做的事情
在你做完之后　你依旧看着孩子
你的眼神充满了理解　充满了关怀　也充满了心疼
因为你最清楚孩子身上发生的事情
你牵着孩子的手　慢慢地站起身
你告诉孩子　你要带着他　一起离开
你告诉孩子　你想要给予他　更好更棒的生活
你也告诉孩子　你想要一直陪伴着他
孩子回握你的手　似乎在告诉你的　是我一直在等待这一刻
你牵起他的手　慢慢地退出光亮

退回了黑暗的步道中

你们一起走着　有说有笑地走着

在回来的路上　你牵着他的小手

感觉他慢慢地在你的手中缩小了

越来越小　越来越小

小到只有你手掌心般的大小

好小好小

你将你的手　慢慢地放到胸口

你跟孩子永远地在一起了

孩子永远在你心里了

好

当你准备好了

你可以慢慢地张开眼睛　回到这里来

自我肯定练习：对不够好的自己微笑

找到一个想要肯定的东西，一个肯定句，对着自己把它说出来。

以我自己为例，当我对自己说："我是个有成就的，而且是认真工作的人。"然后观察及感受内心升起的想法，这时我就会觉得羞愧，因为我的印象很深刻，我小时候的座右铭是“业精于勤，荒于嬉”，回想起来，不懂小时候为什么会早熟。

但我现在告诉自己，我是对工作非常投入的人，这时就要观察内心升起什么样的感觉。往往我们的内心是否定这些正向表述的，而只关注到对自我的否定。

当你说出下一个肯定句，自我否定、自我批评会立刻涌上来，就如同我会觉得对自己的肯定让我羞愧，因为我明明有时会赖床，还敢说自己认真？但这时，我们要对待自己的方式，就是温柔地微笑，肯定与接纳自己。也就是面对负面感受，只要温柔地笑笑，抱抱自己说：“是的，虽然我会赖床，但我对工作是很投入的。”没错！这两者并不冲突，是我的思想让它冲突，因为我不认同自己的是——工作认真的人，都早睡早起。

在自我肯定的过程中，会面对心里许多的黑暗面、阴影、自我批评。但重要的是，当它出现时，你也允许它存在。

自我否定其实是我们内心固有的一种意识，非常僵化且非常顽固。而自我肯定就像一味良药，一旦进入我们的内心，开始瓦解原本僵化顽固的思想，久而久之，总有一天你脑袋里的想法就会被改变。

前面说的是自我肯定过程中的自我批评，现在来说说阴影。

当我想对自己说“我为我生命的样貌感到骄傲”这句话肯定自己时，就会因想起小时候求好心切作弊的事而感觉很羞愧。如此一来，又开始质疑自己，这样的生命样貌有什么值得骄傲？

此时，内在阴影与黑暗，还有见不得光的记忆一股脑涌上来，你会发现，我们无法自我肯定，是因为每当我们想肯定自己时，就会有大量的负面情绪与阴暗的记忆浮现出来，阻碍我们真实地喜欢自己。

我们需要用这样的方法对待自己——温柔地微笑，允许不同的样貌同时存在，就是允许、承认自己曾有令人羞愧的想法或经历，并拥抱它，对自己微笑。是啊！作弊令我羞愧，但没关系，它只是我生命里的一小部分，我的生命依旧是丰富的，所以我为自己的生命样貌感到骄傲。

所谓“肯定自己的否定”，最重要的是，肯定自己原本认为“不好”的部分。当你愿意承认自己的生命、成长的经历，或者任何你感到“不光彩”的过去（可能是父母离异，或是年纪很小时有手足过世，都会给你的心里带来阴影。而这常成为我们否定自己，连带拒绝自身感受的缘由），且不断对自己说“是！我生命有这一块的失落、黑暗，可是没关系，它还是我生命的一部分”，你还是愿意微笑着拥抱它，从那一刻起，你就彻底地肯定自己了。

自我肯定冥想引导

深呼吸……吐气……再呼吸……吐气

每一次的呼吸　都让你自己更放松　更轻松

每一次的呼吸　都让你自己更自在　更安宁

放松　你的身体

放开　你的思绪

轻松了　自在了

想象你的头顶有一道光线

从你的头部　轻轻地　向下移动

光线所到的地方　你感觉无比地轻松　放松

光线像扫描一样　来到你的脸部　脖子　肩膀

缓慢地向下移动　到你的手臂　胸口　到你的腹部　腰部　臀部

再慢慢来到你的大腿　膝盖　小腿　一直到你的脚掌脚尖

你感觉光的扫描　从头到脚

你感觉无比地放松　轻松

现在，想象着眼前出现不够好的自己

让你感到不光彩、不自在的自己

想象着他的表情、他的神态

去感觉当你面对自己时的感受

你是安全的

吸气，你感受身上的感觉

呼气，你释放身上的感觉

你知道自己很想别过头去

你就是定定地去感受

再几个深呼吸给自己

吸气……吐气……再吸气……再吐气

去感受你看见的　眼前的　不够好的自己

现在　感受你的头顶有一道光芒

那一道温暖又舒服的光芒

你感觉到光芒向上延展至天空

在遥远的看不见的天顶

你感受这道光输入源源不绝的温暖

让你的心里跟着温暖了起来

在你暖暖的心里慢慢漾起微笑

你想起了过往所有对你微笑的人

你想起了过往让你微笑的事物

吸气　你感受这股微笑的能量

呼气　你谢谢这股微笑的能量

现在　请你用这股在心里绽放的微笑

对不够好的自己微笑

用微笑的双眼　看着不够好的自己

接着　再次微笑地看着自己

你感受到原本在心中的羞愧与焦虑

在你的微笑注视中

慢慢平静沉淀下来

好　当你准备好了

你可以带这份平静　慢慢地清醒过来

自我疼惜练习：灵魂升空法

练习这个的原因，是当我们太靠近自己时，对自己的否定和忽略会过于强烈，以至于我们经常看不清楚自己正遭受什么样的对待，让自己在关系中不断受伤。

通过这个练习，主要是帮自己争取心理空间，让我们有能力去看清自己的状态，而不是总觉得理所当然——因为我不够好，所以别人才会这样做。反之，则在内心里升起疼惜，为自己采取行动。

现在，请大家想象一下，你坐在位子上，然后感觉自己的目光从你的头顶慢慢地升起，在你头顶上方一两米处，俯瞰正坐在位子上的自己。接着，去看看自己正在做什么，自己心中的情绪如何？

想象自己飘在半空中，以俯瞰的方式来观察自己。为什么要这么做呢？因为当我们处于那种情绪当中，心里会非常纠结，继而陷入原本模式。例如，你如果有罪恶感，就变得顺应；或者，你如果变得愤怒，便会自我苛责。

当我们为自己争取一点内在的空间，让自己稍微抽离开来，跟自己的情绪有一定的距离，才有能力静下心来思考。很多时候，我们在丧失界限的关系模式中，会直接陷入对方的情绪泥淖，跟着对方一起打转。如果我们能够把自己拉出来，不一直想着别人的状态，而是重新聚焦于自己的状态来观察自己时，就能够跳出原有的思维和情绪状态，为自己重新做选择。

所以，当你重新看见自己与他人互动，你打算怎么做呢？要循着原本的模式走吗？跟对方说："好好好，你不要难过喔！我现在就回去。好啦，不要哭！我回去就是了！"

还是对自己说："他在做什么？他再次用情绪勒索我，好让我回到他身边陪他。那我呢？我的需求是什么？"这就是重新回到自己的需求，与自我进行新的对话，这才能够对不舒服的情境设立界限。

这个方法可以帮助人们拉开彼此的心理距离，重新反思彼此的关系。有人在做练习时，情绪依旧完全胶着。比如，你本身带有很强的自我否定意识，或者强烈的罪恶感，以至于无法帮助自己与情绪暂时分离；或者，你的一部分可以帮自己进行前文所述的自我肯定练习，帮助自己接纳自身的罪恶感，并且归还他人的责任，但面对固执的自我，依旧无法分离开。这时可以进一步采取以下的方法。

练习灵魂升空法时，想象升空之后，看到自己身上覆盖的是一个你很心爱的人的形象，可以是你最好的朋友、你的孩子，然后看着他们被这样对待，你心里的想法与感受是怎样的呢?

就是需要这样不断停下来想、停下来感觉，当这是发生在朋友身上的事，你会不会开始感觉心疼与不舍呢？当你看到朋友的遭遇，你又会想对他说什么?

除了争取心理空间，同时也帮自己在情绪稳定之后，有能力换位思考。你很可能需要如此慢下来、停下来，才有能力对当下的自己说话，为自己做出决定。

通常，自我否定的人特别会花心思爱别人，为他人付出，借此在过程中获得被需要、被认同、被肯定的感觉，却忽略了自己是在照顾他人。

当别人越界时，你设想，如果心爱的人被这样对待，你是否会允许呢？通过争取心理空间与换位思考的方式，找到理由，你就能心安地设立界限了。

通过内在小孩的冥想，可以帮助自己接纳过往的自己，也释放压抑已久的情绪，获得修正，得到自信。倘若我们发现自己有能力照顾和理解自己，对自我的肯定便会大幅提升。

如果你能够肯定自己，就能进一步自我接纳与和解。当我们愿意拥抱自己，就能够正视被侵犯的界限，会更有力量保护自己，也能够看懂他人的感受，而不去侵犯他人的界限。在自我肯定的过程中，我们肯定自己的感受，也疗愈过往的伤痛，帮自己将感受巩固好，就会壮大内心的声音，修补自信，为自己争取权益，更有力量地设立界限。当我们能够自我疼惜时，就能切断带有伤害性的关系，安心设立界限。

这一节的冥想引导，建议读者反复练习，它可以进一步巩固我们与内在的联结，从而获得支持，稳定自己。

设立界限之后

相信看到这里，你们的心里也经历了许多波动。划清界限，分出你我，界限的练习势必会产生许多挫折与怀疑，毕竟在重建自我的过程中，一定会经历冲突。

在我的实际经验中，当我们设立界限后，很容易发生以下两种冲突：一种是内在冲突，一种是外在冲突。

所谓内在冲突，就是界限设立后的空洞感。而外在冲突，就是对方对界限感到不满而产生的冲突。这时我们又该如何回应呢?

内在冲突——空洞感

最常见的例子是，一直扮演家中桥梁的孩子，总是需要担心父母是否又要发生冲突，母亲难过吗？父亲生气吗？要怎么协调他们？要怎么让他们不再吵架？要怎么让他们过得开心？光是这些难题，就可以占满孩子的全部生活，让他忙不过来。那根本是不可能完成的任务，但作为桥梁的孩子却一直活在自责与压抑中，觉得是自己不够好，无法让父母幸福。他们一边愧疚，一边恐惧，是自己让母亲必须待在婚姻里，母亲为自己留在家里是一种恩赐，如果自己不努力点，父母就要分开了。

经过一阵子的努力后，孩子开始从父母的关系中分离出来，学会设立界限，不再过度干涉或拯救父母的婚姻。他们开始意识到，父母婚姻的和谐向来都是父母的功课，与自己无关。母亲之所以会说“我是为了你才没跟你爸离婚”，其实是因为她对人生的茫然和无助。孩子慢慢从纠结的情绪中分离出来之后，看清楚自己其实一直都该是个独立的个体，拥有自己的人生。他们开始愿意放过自己，也放开紧紧抓住父母的双手。

然而，放开之后，面临的挑战就是“空”。“空”的开始，也意味着，拥有为自己而活的机会，重新思考自己的人生目标。就像被禁锢已久的飞鸟，重获自由的那刻，它可能忘记原有的天赋，也不习惯没有笼子的生活，一边想要回到被喂养的生活中，一边又对束缚深恶痛绝。

因此，在家庭发展过程中，父母脱离父母的角色，回归自身角色时，孩子也需要脱离孩子的角色，或者是照顾者的角色。脱离角色，意味着失去责任，会让人顿失生活重心，下意识地希望重回过往角色的位置上，找寻熟悉感和安全感，又不自觉地弱化身边的人，好让自己回到有用的、有能力的照顾者位置。

所以，面对内在冲突，请珍惜这努力许久得来的空洞感，也请温柔地陪伴自己适应新生活，找寻新目标，帮助自己拥有界限后，过上让自己满意的生活。

外在冲突——抗拒界限设立

所谓外在冲突，是指你在设立界限后的人际冲突。并非所有人都能接受界限，尤其是对界限有错误的认知，以及对被拒绝特别敏感的人，他们在有界限的关系里特别不适应，习惯通过打压、责骂，或者冷处理来面对界限的设立。

所以，会在设限之后发生冲突的人，往往是抗拒界限的人。他们拒绝彼此的关系形态和相处模式发生改变，也拒绝等级的调整，不肯正视关系中存在的问题。抗拒界限的人，往往是关系中的既得利益者，享受他人的照顾、付出与服从，因此在调整关系后他们感觉损失惨重，不愿意接受。

比如，孩子考学时选了父母不满意的科系，与父母沟通时，发现父母是拒绝的。这时，孩子很难坚守自己的愿望，表达内心的想法，因为父母不想被挑战权威，失去主导权，不承认自身的问题，一味认为是孩子的问题，即使他们的观念已经过时了，也不愿意听听孩子的想法。

孩子被拒绝、被否定之后，容易退回小时候脆弱无助的状态，难以坚持自己的界限，他们感到恐惧、懊恼、愤怒，担心如果不顺从父母，就会被父母抛弃。

面对抗拒界限者，我们要做的，并不是强势沟通或放弃沟通，而是为了让自己可以维持原本的状态，不至于弃守界限，首先安抚内心的挫败感和担心。

1. 自我对话

你可以问自己："他们不愿意跟你沟通，你一定很挫败，怀疑自己是不是不够好？你也一定很担心，会不会是跟他们意见不同，你就不再是他们的孩子？"这样问的目的是理解自己。

我们只要理解了自己，就会感觉紧绷的情绪放松下来，接着说："我会陪你一起面对这个困难。"当我们被拒绝时，孤立无援的感觉特别强烈。如果能找到其他人陪当然好，如果没有，就自己陪伴自己，这也是一种面对挫败的自我安慰。

2. 持续对话或改变沟通模式

固守界限的人多数不愿意为人改变，即使是亲近的人。他们通常会通过冷处理，来逼对方让步，因此可以进行的对话是："我知道你不愿和我谈，也对我的状态很失望。"以此表达对对方的理解。接着说出："我对你的重视是一样的，只是经过这些年，我已经改变了，我无法再当你心中那个总是听你话的孩子。我很抱歉，也希望你可以理解和认可。"邀请对方理解。最后说："不论你支不支持，我还是会做，但我还是爱你。"以此来告诉对方，你的爱依旧，就算你已经改变。

《我就要你好好的》（*Me Before You*）这部电影有一句经典台词："你不能改变别人，你只能尽量去爱他们。"男主角车祸后颈椎以下瘫痪，照顾他的女主角一直希望他能活下去，却无法改变他的心意时，女主角的家人这样告诉她。这句话也同样感动着我，因为它意味着，你们选择了不同的方向，并不代表你不好，也不是他不好，只是你们不一样，仅此而已。

面对改变向来都不容易，如何将想说的话好好表达出去？有时候也可通过文字，让对方有时间消化。暂时不受彼此情绪困扰，才能理智地对待改变，所以，写信或完整的文字信息，是很好的方式。

3. 对自己设限

很多时候，我们改变了，对方却没变。我们并不能要求对方改变，对方有拒绝的权利。我们想要对冷处理低头，是因为我们害怕失去关系，觉得自己没有价值。因而我们回到自己的需求，我们要对自己设限，对自己的恐惧设限。

界限设立的初期，通常会看似不成功，但经过一段时间的坚持后，对方意识到你的坚决，才有可能真正改变你在他心目中的地位和看法，从而开始尊重你的界限，并尊重彼此的不同选择。

设立界限后的人生

一直以来，我对自我成长与探索的理解是，从不了解自己，没有任何觉知，也缺乏自我意识，到逐渐认识自己，了解自己是谁、不是谁，可以做什么、不能做什么，进而有能力与人划清界限，尊重自己也尊重他人。

我们强调“我”的重要性，包括“我的想法”“我的需求”。也就是说，当“有我”，我们才能做自己的主宰。设立界限其实是让个人完整的过程，并不是自我成长的终点。我们需要通过界限的实践，来帮助自己往更好的状态迈进。

荣格（Carl Jung）说：“没有一种觉醒，是不带着痛苦的。”你进入自我成长的领域进行探索，是因为你在生命里积累了许多痛苦和烦恼，你希望帮自己找到摆脱的方式，不再有烦恼和忧虑。

只有我们认识自我，才能懂得是什么让我们忧虑。你会发现，缺乏自我会让他人随意侵犯你的界限，活不出你真正的模样，因此，你要开始练习看见与肯定自我，同时肯定过往的自己，不论是光彩的还是阴暗的自己。正因如此，你终于清楚自己的思想、能力，包括内在、外在等一切条件，清楚掌握自身缺点、局限性，如此彻底觉察自我，自信心才得以建立。

自我被分化出来之后，你会发现，自己拥有独立的意识、敏锐的思维与清醒的判断，便能为自己的渴望采取行动。在马斯洛的需求理论里，我们不再沉醉于“爱与归属”和“自尊”的匮乏性需求，不再需要从他人身上获得尊重与认可，而是感受到自己有能力爱人，也有资格被爱，因为，我们已经有了自我实现的巅峰经历。一旦人们帮助自己达到巅峰状态，就能逐渐摆脱总是恐惧他人是否喜欢自己、烦恼能否得到他人的认可与感激等状况，进而获得我有能力为自己做些什么，我真的可以为自己实现目标的满足感。

佛家曾言，自我实现后的登峰造极，下一步，就是“自我消融”。

圣严法师说：“自我的消融，是要从自我肯定及自我成长的过程中逐渐完成的。如果连自我是什么都不知道的人，同他谈自我消融是毫无价值的。”

佛家不断提倡的“无我”，有非常多的人误解它的含义，认为“无我”是不自私，是处处关怀他人，为他人着想，而不该有任何私欲，或在付出时不该有任何索求和怨言。其实“无我”并不等于什么都没有，而是没有烦恼的我，也是不在乎自我价值、自我存在或自我意义的我。因为没有这些“我的”念头，智慧和慈悲的功能才能完全、彻底且圆满而普遍地运作，这就是“自我消融”，也才是自我真正的完成，也就是“真我”。

假如我们一直深陷于“无我”的错误观念，不但无法帮助自己认识自我、提升自我，划出恰当的人际界限，还会掏空自我，迷失方向，陷入无止境的痛苦。

简单来说，“自我消融”是再也不用忧虑他人眼中的我，也就不存在恐惧，你的所作所为出于智慧与慈悲，出于对人的基本的肯定和尊重，无须烦恼做的事情是否被看见，是否有存在感，是否有价值感等，一切都不重要，因为那就像一个升华的肯定，一种理所当然的存在，一份与自己深刻又稳定的联结。

当我们清楚自我成长的历程，顺利划出人际界限，就能体认个体差异性，在自己的历程里，看见自己的美好和不足。同样地，也有能力看见他人的美好和不足，进而尊重他人的界限，或者帮助他人成长与提升自我。

亲爱的，让我们一起将界限落实在生活中，因为界限无处不在，你和他人的界限都需要守护。一个人能够成为自己人生的主宰时，就能在属于自己的舞台上活跃，发光发热，创造出更美好、幸福的世界了。

参考书目

1.《为沟通立界线：帮助你学会运用智慧的界线沟通处理人际关系》，亨利·克劳德、约翰·汤森德著

2.《过犹不及：如何建立你的心理界线》，亨利·克劳德、约翰·汤森德著

3.《为工作立界线：成就工作与美好人生的双赢策略》，亨利·克劳德著

4.《做自己最好的陪伴》，吴姵莹著

5.《分离个体化理论》，玛格丽特·马勒著

6.《全是为你好》，爱丽斯·米勒著

7.《找回自己》，圣严法师著

8.《大脑依恋障碍：为何我们总是用错的方法，爱着对的人？》，史丹·塔特金著

9.《米纽庆的家族治疗百宝袋》，萨尔瓦多·米纽庆、麦克·瑞特、夏曼·博达著

10.《此人进厂维修中！为心灵放个小假，安顿复杂的情绪》，陈志恒著

11.《家庭会伤人——自我重生的新契机》，约翰·布雷萧著

12.《爱上M型男人：找回你的勇气、尊严与幸福》，苏珊·福沃德、琼·托瑞丝著